MOC BOŻA

*Od wieków nie słyszano,
aby ktoś otworzył oczy niewidomemu od urodzenia.
Gdyby ten człowiek nie był od Boga,
nie mógłby nic czynić.*
(Jan 9,32-33)

MOC BOŻA

Dr. Jaerock Lee

„**Moc Boża**", autor: dr Jaerock Lee
Wydawnictwo Urim Books (Johnny. H. Kim)
851, Kuro-dong, Kuro-gu, Seoul Korea
www.urimbook.com

Żadna część niniejszej publikacji nie może być reprodukowana, przechowywana jako źródło danych i przekazywana w jakiejkolwiek formie zapisu bez pisemnej zgody wydawcy.

O ile nie zaznaczono inaczej, wszelkie cytaty pochodzą z Biblii Warszawskiej, ®, Copyright Lockman Foundation © 1960, 1962, 1963, 1968, 1971, 1972, 1973, 1975, 1977, 1995.

Wykorzystanie za zgodą. Copyright © 2003 dr Jaerock Lee
ISBN, 89-7557-044-4, ISBN, 89-7557-060-6
Prawa autorskie tłumacza © 2005 dr Esther K. Chung.
Wykorzystanie za zgodą.

Wcześniejsze wydanie w języku koreańskim: Urim Books, 2004

Wydanie pierwsze, wrzesień 2005
Wydanie drugie, sierpień 2009

Redaktor: dr Geumsun Vin.
Projekt: Redakcja Urim Books
Aby uzyskać więcej informacji, prosimy o kontakt mailowy:
urimbook@hotmail.com

Przedmowa

Modlę się, aby dzięki mocy Boga Stworzyciela oraz ewangelii Jezusa Chrystusa wszyscy ludzie doświadczyli wspaniałego działania Ducha Świętego...

Dziękuję Bogu Ojcu, który błogosławi nam tak, że możemy opublikować w formie książki przesłania z jedenastego szczególnego dwutygodniowego spotkania ożywieniowego przeprowadzonego w maju 2003 roku pt. „Moc", podczas którego złożono wiele świadectw na chwałę Bogu.

Od 1993 roku, niedługo po dziesiątej rocznicy założenia kościoła, Bóg poruszał członków kościoła Manmin, aby pielęgnowali prawdziwą wiarę i prowadzili życie duchowe, dzięki poselstwu, które usłyszeli na corocznym dwutygodniowym spotkaniu ożywieniowym.

W 1999 roku podczas spotkania pt. „Bóg jest miłością", dał doświadczyć błogosławieństw tak, aby członkowie kościoła uświadomili sobie znaczenie prawdziwej ewangelii, osiągnęli prawo miłości oraz upodobnili się do Pana, który okazywał swoją wielką moc.

Na początku nowego tysiąclecia w 2000 roku, Bóg pobłogosławił nam tak, że nasze spotkania były transmitowane na żywo na satelicie Moogoonghwa oraz w Internecie, aby ludzie na całym świecie doświadczyli mocy Boga Stworzyciela, poznali ewangelię Jezusa oraz poczuli działanie Ducha Świętego. W 2003 roku w spotkaniach uczestniczyło około 300 kościołów z Korei oraz 15 innych krajów.

„Moc Boża" ma na celu przedstawienie procesu, w którym człowiek spotyka Boga i otrzymuje Jego moc, pokazuje nam różne poziomy mocy, Najwyższą Moc Stworzenia, która przekracza pojęcie ludzkie oraz miejsca, w których Jego moc jest manifestowana.

Moc Boga Stworzyciela dotyka człowieka, który staje się podobny do Boga, który jest światłem. Co więcej, kiedy człowiek staje się jedno z Bogiem dzięki Duchowi Świętemu, może manifestować tę samą moc, jaką manifestował Jezus. W Ewangelii Jana 15,7 Jezus mówi: „Jeżeli we Mnie trwać będziecie, a słowa moje w was, poproście, o cokolwiek chcecie, a to wam się spełni".

Ponieważ osobiście doświadczyłem radości i szczęścia, kiedy po siedmiu latach zostałem uwolniony z chorób i cierpienia, aby zostać sługą mocy i upodobnić się do Pana, pościłem się i modliłem przez wiele dni. W Ewangelii Marka 9,23 Jezus mówi:

„Jeśli możesz? Wszystko możliwe jest dla tego, kto wierzy". Wierzyłem też i modliłem się, ponieważ mocno trzymałem się obietnicy Jezusa, że "Zaprawdę, zaprawdę, powiadam wam: Kto we Mnie wierzy, będzie także dokonywał tych dzieł, których Ja dokonuję, owszem, i większe od tych uczyni, bo Ja idę do Ojca" (Jan 14,12).

W konsekwencji dzięki corocznym spotkaniom ożywieniowym Bóg pokazał mi wspaniałe znaki i cuda oraz dał nam odpowiedzi na nasze niezliczone modlitwy o uzdrowienie.

Ponadto, w drugim tygodniu spotkań w 2003 roku, Bóg skupił się na manifestowaniu swojej mocy na tych, którzy byli niewidomi, chromi, głusi i niemi.

Mimo, iż medycyna rozwija się, praktycznie niemożliwe jest wyleczenie ludzi, którzy utracili wzrok lub słuch. Wszechmocny Bóg manifestuje jednak swoją moc tak, że kiedy modliłem się zza kazalnicy, dzieło mocy stworzenia odnawiało martwe komórki i nerwy, ludzie zaczynali widzieć, słyszeć i mówić. Co więcej, kręgosłupy zostały wyprostowane, sztywne kości znów stawały się luźniejsze tak, że ludzi byli w stanie odrzucać kule, nosze i wózki inwalidzkie, a następnie wstawać i chodzić.

Cudowne dzieła Boże przewyższały czas i przestrzeń. Ludzie, którzy uczestniczyli w spotkaniach przez satelitę lub Internet również doświadczyli mocy Boga, a ich świadectwa składane są do dnia dzisiejszego.

Dlatego właśnie przesłania ze spotkań ożywieniowych w

2003 roku - podczas których wielu ludzi narodziło się na nowo dzięki słowu prawdy, otrzymało nowe życie, zbawienie, odpowiedzi na modlitwy oraz doświadczyło uzdrowienia, mocy Bożej i uwielbiło Go – zostały opublikowane w formie jednej książki.

Pragnę w szczególny sposób podziękować Geumsun Vin, dyrektor redakcji oraz jej pracownikom, jak również pracownikom biura tłumaczeń za ich ciężką pracę i oddanie.

Niech każdy z was doświadczy mocy Boga Stworzyciela, ewangelii Jezusa oraz działania Ducha Świętego. Niech radość i szczęście wypełniają wasze życie. O to wszystko modlę się w imieniu naszego Pana!

Jaerock Lee

Wstęp

Książka, którą musisz przeczytać, ponieważ stanowi ona konieczny przewodnik, dzięki któremu człowiek może posiąść prawdziwą wiarę i doświadczyć cudownej mocy Boga.

Pragnę oddać chwałę i podziękowanie Bogu, który umożliwił nam publikację przesłań wygłoszonych podczas jedenastego szczególnego spotkania ożywieniowego z doktorem Jaerockiem Lee, które odbyło się w maju 2003 roku dzięki wspaniałej i potężnej mocy Bożej.

Książka pt. „Moc Boża" pozwoli ci zanurzyć się w łasce i działaniu mocy Bożej, ponieważ zawiera dziesięć przesłań wygłoszonych podczas spotkania ożywieniowego pt. „Moc", oraz świadectwa wielu ludzi, którzy bezpośrednio doświadczyli mocy żyjącego Boga oraz ewangelii Jezusa.

W pierwszym przesłaniu „Aby wierzyć w Boga" opisana jest tożsamość Boga, to, w jaki sposób możemy w Niego uwierzyć, spotkać Go i doświadczyć Jego mocy.

W drugim przesłaniu „Aby uwierzyć w Pana" omówiony jest cel przyjścia Jezusa na ziemię, to, dlaczego jest jedynym Zbawicielem, oraz dlaczego otrzymamy zbawienie i odpowiedzi na modlitwę, jeśli w Niego wierzymy.

Przesłanie trzecie „Naczynie piękniejsze od biżuterii" omawia czynniki, które sprawiają, że jesteśmy cennymi, szlachetnymi oraz pięknymi naczyniami w oczach Bożych, jak również to, jakie błogosławieństwa spływają na takie naczynie.

Przesłanie czwarte „Światło" wyjaśnia kwestię światła duchowego, którego potrzebujemy, aby spotkać się z Bogiem, które jest światłością, oraz przedstawia błogosławieństwa, które możemy otrzymać, kiedy chodzimy w światłości.

Przesłanie piąte „Moc światła" omawia cztery różne poziomy Bożej mocy zamanifestowane w stworzeniu człowieka poprzez różne kolory światła oraz świadectwa uzdrowień. Co więcej, dzięki przedstawieniu Najwyższej Mocy Stworzenia rozdział ten szczegółowo wyjaśnia niekończącą się moc Bożą oraz sposoby, dzięki którym możemy otrzymać moc światła.

W oparciu o proces, w którym człowiek niewidomy od urodzenia odzyskuje wzrok przy spotkaniu z Jezusem oraz w oparciu o świadectwa wielu ludzi, którzy odzyskali wzrok oraz doświadczyli uzdrowienia, szóste przesłanie „Oczy niewidomych otworzą się" pomoże ci uświadomić sobie moc Boga Stworzyciela.

W siódmym przesłaniu „Ludzie wstaną i zaczną chodzić" dokładnie przedstawiona jest historia paralityka, który został przyniesiony do Jezusa przez swoich przyjaciół, wstał i zaczął chodzić. Ponadto, przesłanie uświadamia czytelnikowi rodzaje uczynków wiary, które należy czynić, aby doświadczyć mocy Bożej dzisiaj.

Ósme przesłanie „Ludzie będą radować się, tańczyć i śpiewać" omawia historię głuchoniemego, który otrzymał uzdrowienie, kiedy przyszedł do Jezusa oraz przedstawia sposoby, dzięki którym możemy również doświadczyć takiej mocy.

W końcu przesłanie dziewiąte „Niezawodna opatrzność Boża" ukazuje proroctwa dotyczące dni ostatecznych oraz opatrzności Boga dla Kościoła Centralnego Manmin, które zostały ukazane przez Boga ponad 20 lat temu przy założeniu kościoła.

Dzięki niniejszej pracy wielu ludzi może posiąść prawdziwą wiarę, doświadczać mocy Boga Stworzyciela oraz być wykorzystanymi jako naczynia Ducha Świętego i wypełnić Jego opatrzność w imieniu Pana Jezusa Chrystusa!

Geumsun Vin
Dyrektor redakcji

Spis treści

Przesłanie 1

Aby wierzyć w Boga (Hebr. 11,3) · 1

Przesłanie 2

Aby uwierzyć w Pana (Hebr. 12,1-2) · 25

Przesłanie 3

Naczynie piękniejsze od biżuterii

(2 Tym. 2,20-21) · 47

Przesłanie 4

Światło (1 Jana 1,5) · 67

Przesłanie 5

Moc światła (1 Jana 1,5) · 85

Przesłanie 6

Oczy niewidomych otworzą się (Jana 9,32-33) · 117

Przesłanie 7

Ludzie postaną i zaczną chodzić (Mar. 2,3-12) · 135

Przesłanie 8

Ludzie będą radować się, tańczyć i śpiewać (Mar. 7,31-37) · 157

Przesłanie 9

Niezawodna opatrzność Boża (Ks. Powt. Prawa 26,16-19) · 179

Przesłanie 1

Aby wierzyć w Boga

Hebr. 11,3

*Przez wiarę poznajemy,
że słowem Boga światy zostały tak stworzone,
iż to, co widzimy, powstało nie z rzeczy widzialnych*

Od chwili pierwszego corocznego dwutygodniowego szczególnego spotkania ożywieniowego, które odbyło się w maju 1993, niezliczona ilość ludzi doświadczyła mocy i działania Bożego, dzięki którym uleczone zostały choroby, którym nie mogła zaradzić współczesna medycyna, oraz rozwiązane problemy, których nie mogła rozwiązać współczesna nauka. Przez ostatnich 17 lat, jak czytamy w Ewangelii Marka 16,20, Bóg potwierdzał moc swojego słowa znakami i cudami.

Dzięki przesłaniom pełnym wiary, sprawiedliwości, ciała i ducha, dobra i światłości, oraz miłości, Bóg poprowadził wielu członków kościoła Manmin do poznania głębszej duchowej rzeczywistości. Co więcej, dzięki każdemu spotkaniu ożywieniowemu Bóg dał nam możliwość zobaczyć na własne oczy swoją moc. Dlatego właśnie spotkania ożywieniowe kościoła Manmin stały się znane na całym świecie.

W Ewangelii Marka 9,23 Jezus mówi: „Jeśli możesz?

Wszystko możliwe jest dla tego, kto wierzy". Dlatego, jeśli posiądziemy prawdziwą wiarę, nie ma nic niemożliwego i otrzymamy to, czego pragniemy. W co powinniśmy zatem wierzyć i w jaki sposób? Jeśli nie znamy Boga i nie wierzymy w Niego we właściwy sposób, nie będziemy w stanie doświadczyć Jego mocy i trudno będzie nam otrzymać od Niego odpowiedzi na modlitwy. Dlatego zrozumienie oraz właściwa wiara mają tak wielkie znaczenie.

Kim jest Bóg?

Po pierwsze, Bóg jest autorem 66 ksiąg biblijnych. W 2 Tym. 3,16 czytamy: „Wszelkie Pismo od Boga natchnione / jest/". Biblia składa się z 66 ksiąg i szacuje się, że została napisana przez 34 różnych ludzi w okresie 1600 lat. Jednak najbardziej niesamowitym aspektem każdej księgi biblijnej jest to, że pomimo, iż była pisana przez różnych ludzi przez wiele wieków, od początku do końca jest spójna i zgodna. Innymi słowy, Biblia jest słowem Boga zapisanym dzięki Jego natchnieniu przez różnych ludzi, których powoływał w czasie historii i w którym Bóg ukazuje samego siebie. Dlatego, ci, którzy wierzą, iż Biblia jest słowem Boga i są mu posłuszni, mogą doświadczyć błogosławieństw i łaski, jaką Bóg obiecał.

Po drugie, Bóg jest „Jestem, który jestem" (Ks. Wyjścia 3,14). W przeciwieństwie do bożków stworzonych przez człowieka i uczynionych ręką ludzką, nasz Bóg jest prawdziwym Bogiem, który istnieje od wieków. Ponadto, możemy powiedzieć, że Bóg jest miłością (1 Jana 4,16), światłością (1 Jana 1,5) oraz sędzią nad wszystkim aż do końca czasów.

Jednak ponad wszystko musimy pamiętać, że Bóg w swej niezwykłej mocy stworzył wszystko na niebie i ziemi. Jest wszechmocny i manifestuje swą moc od czasów stworzenia aż do dzisiaj.

Stwórca wszystkich rzeczy

W Ks. Rodzaju 1,1 czytamy: "Na początku Bóg stworzył niebo i ziemię", a w Hebr. 11,3: „Przez wiarę poznajemy, że słowem Boga światy zostały tak stworzone, iż to, co widzimy, powstało nie z rzeczy widzialnych". Na początku czasu dzięki mocy Bożej wszystko zostało stworzone w pustce. Dzięki swojej mocy, Bóg stworzył słońce i księżyc na niebie, rośliny i drzewa, ptaki i zwierzęta, ryby w morzu oraz człowieka.

Pomimo niniejszego faktu, wielu ludzi nie jest w stanie uwierzyć w Boga Stwórcę, ponieważ koncept stworzenia jest po prostu zbyt sprzeczny z wiedzą i doświadczeniem, jakie zgromadzili na świecie. Na przykład, w umyśle takich osób niemożliwe jest to, że wszystkie rzeczy we wszechświecie zostały stworzone na rozkaz Boga z niczego.

W taki sposób zrodziła się właśnie teoria ewolucji. Sprzymierzeńcy teorii ewolucji uważają, że organizm żyjący powstał przypadkowo, sam się rozwijał i rozmnażał. Jeśli ludzie zaprzeczają stworzeniu wszechświata przez Boga, nie są w stanie uwierzyć pozostałym częściom Biblii. Nie są w stanie uwierzyć poselstwu istnienia nieba i piekła, ponieważ nigdy tam nie byli, ani nie są w stanie uznać Syna Bożego, który narodził się z człowieka, zmarł, powstał z martwych i wstąpił do nieba. Jednakże, wraz z postępem nauki, coraz łatwiej zauważyć fałsz ewolucji, podczas gdy wiarygodność teorii zbawienia nadal mocno stoi. Nawet jeśli nie jesteśmy w stanie stworzyć listy dowodów naukowych, są miliardy przykładów, które świadczą o stworzeniu.

Dowody, dzięki którym wierzymy, że Bóg jest Stworzycielem

Oto jeden z przykładów. Na świecie jest ponad 200 krajów i jeszcze więcej grup etnicznych. Bez względu na to, czy czarny, biały czy żółty – każdy z nich ma dwoje oczu. Każdy ma dwoje uszu, jeden nos i dwie dziurki w nosie. Niniejszy wzorzec odnosi się nie tylko do ludzi, ale również zwierząt, ptaków oraz ryb. Mimo, iż trąba słonia jest wyjątkowo duża i długa, nie oznacza to, że ma więcej niż dwie dziurki w nosie. Każdy człowiek, zwierzę, ptak i ryba mają jedne usta, a ich umieszczenie w przypadku każdego z nich jest identyczne.

Istnieją subtelne różnice w odniesieniu do umieszczenia

różnych organów wśród różnych gatunków, jednak w większości przypadków struktura i umieszczenie są nie do rozróżnienia.

Jakże to wszystko mogłoby powstać przypadkowo? Jest to część wartościowego dowodu na to, że Stwórca zaprojektować oraz ukształtował ludzi, zwierzęta, ptaki oraz ryby. Gdyby istniało więcej Stworzycieli, wygląd istot żywych różniłby się. Jednak ponieważ nasz Bóg jest jedynym Stwórcą, wszystkie istoty żywe zgodne są z jednym identycznym projektem.

Co więcej, możemy odnaleźć niezliczone dowody w naturze oraz wszechświecie, które poprowadzą nas do wniosku, że Bóg stworzył wszystko. W Rzym. 1,20 czytamy: „Albowiem od stworzenia świata niewidzialne Jego przymioty - wiekuista Jego potęga oraz bóstwo - stają się widzialne dla umysłu przez Jego dzieła, tak że nie mogą się wymówić od winy". Bóg zaprojektował i ukształtował wszystko tak, że nie ma możliwości zaprzeczyć Jego istnieniu.

W Ks. Habakuka 2,18-19 Bóg mówi: "Biada temu, co

mówi: Obudź się! - do drzewa, i - Podnieś się! - do niemego głazu! Okryte one złotem i srebrem, lecz ducha wcale w nich nie ma. Cóż może posąg, który rzeźbiarz czyni, obraz z metalu, fałszywa wyrocznia - że w nich to twórca nadzieję pokłada, gdy wykonuje swoje nieme bogi?". Jeśli ktokolwiek z was wierzył lub służył bożkom nie znając Boga, musi żałować za swoje grzechy i zmienić swoje serce.

Dowody biblijne, dzięki którym możemy wierzyć, że Bóg jest Stworzycielem

Nadal jest wielu ludzi, którzy nie są w stanie uwierzyć w Boga pomimo dowodów, które mogą dostrzec wokół siebie. Dlatego, manifestując swoją moc, Bóg pokazał nam niezaprzeczalne dowody swojej egzystencji. Dzięki cudom, których człowiek nie jest w stanie uczynić, Bóg umożliwił ludziom uwierzenie w Jego istnienie oraz wspaniałe działanie.

W Biblii jest wiele przykładów Boga manifestującego swoją moc. Morze Czerwone rozstąpiło się, słońce zatrzymało się i zaczęło poruszać w drugą stronę, ogień z nieba został ściągnięty na ziemię. Gorzka woda na pustyni zmieniła się w słodką pitną wodę, wytryskując ze skały. Zmarli ożywali, chorzy zostali uzdrowienia, a wojny, które wydawały się skazane na niepowodzenia, okazywały się zwycięskie.

Kiedy ludzie wierzą we wszechmocnego Boga i proszą Go, mogą doświadczyć niesamowitego działania Jego mocy. Dlatego Bóg zapisał w Biblii wiele przykładów, w których objawiona została Jego moc, abyśmy uwierzyli.

Jednak dzieła Jego mocy nie są widoczne jedynie w Biblii. Ponieważ Bóg się nie zmianie, poprzez niezliczone znaki i cuda oraz działanie Jego mocy, objawia swoją moc prawdziwym naśladowcom na całym świecie tak, jak obiecał. W Mar. 9,23 Jezus rzekł: „Jeśli możesz? Wszystko jest możliwe dla tego, kto wierzy". W Mar. 16,17-18 czytamy: "Tym zaś, którzy uwierzą, te znaki towarzyszyć będą: w imię moje złe duchy będą wyrzucać, nowymi językami mówić będą; węże brać będą do rąk, i jeśliby co zatrutego wypili, nie będzie im szkodzić. Na chorych ręce kłaść będą, i ci odzyskają zdrowie".

*"Jakże byłam wdzięczna, kiedy ocaliłeś moje życie...
Myślałam, że będę musiała chodzić o kulach do
końca życia...*

*Teraz, mogę normalnie chodzić...
Ojcze, Ojcze, dziękuję Ci!"*

Diakonka Johanna Park,
której powiedziano, że nie ma szans, aby wyszła ze swojego
kalectwa,
odrzuciła kule i normalnie chodzi, dzięki modlitwie

Moc Boża manifestowana w Kościele Centralnym Manmin

Kościół, w którym służę jako starszy pastor – Kościół Centralny Manmin – doświadczył działania mocy Boga Stworzyciela i jego członkowie pragną głosić ewangelię aż do końca świata. Od czasu założenia w 1982 roku kościół Manmin przyprowadził niezliczoną ilość ludzi do zbawienia dzięki mocy Boga Stworzyciela. Najbardziej znaczącym działaniem Jego mocy są uzdrowienia. Wielu ludzi cierpiących na nieuleczalne choroby, jak nowotwory, gruźlica, paraliż, mózgowe porażenie dziecięce, przepuklina, zapalenie stawów, białaczka zostało uleczonych. Wypędzono demony, chromi zaczęli chodzić, sparaliżowani odzyskiwali siły. Ponadto, natychmiast po modlitwach, ludzie cierpiący z powodu oparzenia byli uzdrawiani i nie mieli nawet blizn. Ciała, które były sztywne lub osoby, które były w śpiączce, ludzi zatruci odzyskiwali zdrowie. Nawet osoby, które przestały już oddychać były przywrócone do życia, kiedy otrzymały modlitwę.

"Pragnę iść Twoją drogą,
Ojcze, co stanie się z moimi ukochanymi
zabraknie?
Panie, gdybyś tylko mógł dać mi nov
Oddam je Tobie..."

starszy Moonki Kim,
u którego nagle wystąpił udar mózgu,
jednak odzyskał przytomność i może wstawać dzięki modlitwie
doktora Jaerocka Lee

Wielu innych, którzy nie mogli mieć dzieci, otrzymało błogosławieństwo i zostawali rodzicami dzięki modlitwie. Ludzi głusi, niewidomi czy niemi uwielbiali Boga, ponieważ wysłuchiwał ich modlitw.

Nawet jeśli nauka i medycyna poczyniłyby olbrzymie postępy – rok po roku, wiek po wieku – nie są w stanie przywrócić do życia martwych komórek, ani uleczyć wrodzonej ślepoty czy głuchoty. Jednak wszechmocny Bóg jest w stanie uczynić wszystko, ponieważ stworzył coś z niczego.

Doświadczyłem mocy wszechmocnego Boga w moim życiu. Byłem na skraju śmierci przez siedem lat zanim uwierzyłem w Boga. Praktycznie wszystkie części mojego ciała ogarnęła choroba – jedynie moje oczy były zdrowe. Nazywano mnie „centrum handlowe chorób". Na próżno wypróbowałem metod wschodniej i zachodniej medycyny, medycyny trędowatych, wszelkich rodzajów ziół, pęcherzyka żółciowego niedźwiedzi i psów, stonóg, a nawet wody z ekskrementów. Poczyniłem wszelkie możliwe wysiłki w czasie tych okropnych siedmiu lat, jednak nic mi nie pomogło. Kiedy byłem już w rozpaczy wiosną 1974 roku, miałem niewiarygodne doświadczenie. W chwili, kiedy poznałem Boga, uleczył mnie ze wszystkich moich chorób i dolegliwości. Od tamtej pory, Bóg zawsze mnie chronił tak, że już nigdy nie zachorowałem. Nawet kiedy pod jakimś względem czułem się trochę niekomfortowo, dzięki modlitwie doświadczałem natychmiastowego uleczenia.

Oprócz mnie i mojej rodziny, znam wielu członków kościoła Manmin, którzy szczerze wierzą we wszechmocnego Boga i są zdrowi, mimo iż nie polegają na medycynie. W ramach wdzięczności wobec łaski Boga Uzdrowiciela, wielu ludzi, którzy wyzdrowieli służy kościołowi jako pastorzy, starsi, diakoni oraz pracownicy.

Moc Boża nie jest ograniczona do uzdrawiania chorób i dolegliwości. Odkąd kościół został założony w 1982 roku, wielu członków kościoła doświadczyło niezliczonych przykładów, w których Bóg wysłuchał modlitwy o pogodę i wstrzymał deszcz, osłaniał ludzi chmurami w upalne dni, uciszał tajfuny lub zmieniał ich kierunek. Na przykład w lipcu i sierpniu odbywają się letnie rekolekcje kościelne.

Mimo, iż pozostała część Korei Południowej ucierpiała z powodu szkód spowodowanych tajfunami oraz powodziami, miejsce, gdzie odbywały się rekolekcje pozostały nienaruszone, nie było tam ulewy ani innych katastrof. Członkowie kościoła często widzieli tęczę, nawet wtedy, kiedy wcześniej nie padał deszcz.

Doświadczyliśmy jeszcze wspanialszego działania mocy Bożej. Działanie Jego mocy objawiało się, kiedy nie modliliśmy się bezpośrednio za chorymi. Wielu ludzi uwielbiało Boga, po tym, jak zostali uzdrowieni dzięki „Modlitwie za chorych" za całym zgromadzeniem, wygłoszonej zza kazalnicy, nagranej na kasetach, emitowanej w Internecie oraz w telefonach.

Co więcej, w Dz. Ap. 19,11-12 czytamy: „Bóg czynił też niezwykłe cuda przez ręce Pawła, (12) tak że nawet chusty i przepaski z jego ciała kładziono na chorych, a choroby ustępowały z nich i wychodziły złe duchy". Również dzięki chusteczce, na której się modliłem, manifestowane były niezwykłe dzieła Boże.

Ponadto, kiedy kładłem ręce na fotografiach chorych ludzi, następowały uzdrowienia, pomimo różnic czasu I przestrzeni. Dlatego, kiedy prowadzę misje w innych krajach, uzdrawiane są różne choroby i dolegliwości, łącznie z AIDS, dzięki niezwykłej mocy Bożej bez względu na czas i przestrzeń.

Doświadczenie mocy Bożej

Czy oznacza to, że każdy, kto wierzy w Boga może doświadczyć niesamowitych działań Jego mocy i otrzymać błogosławieństwa? Wielu ludzi wyznaje swoją wiarę w Boga, jednak nie doświadczają Jego mocy. Ty możesz doświadczyć mocy Bożej tylko wtedy, kiedy twoja wiara w Boga jest potwierdzona w uczynkach, a Bóg stwierdzi: „Wiem, że we mnie wierzysz".

Bóg bierze pod uwagę fakt, iż ktoś słucha kazań i uczestniczy w nabożeństwach jako „wiarę". Jednak, aby posiąść prawdziwą wiarę, dzięki której możemy dostąpić uzdrowienia i wysłuchania modlitw, musisz słyszeć Boga i wiedzieć, kim On jest, dlaczego Jezus jest naszym Zbawicielem oraz być świadomym istnienia nieba i piekła.

Jeśli zrozumiesz niniejsze czynniki, będziesz żałować za swoje grzechy, przyjmiesz Jezusa jako swojego Zbawiciela i otrzymasz Ducha Świętego, zostaniesz uznany za dziecko Boże. To jest pierwszy krok w kierunku prawdziwej wiary. Ludzie, którzy posiadają prawdziwą wiarę będę czynić uczynki, które potwierdzają taką wiarę. Bóg będzie widział uczynki wiary i odpowie na pragnienia serca. Ci, którzy doświadczają działania Jego mocy dają dowód swojej wiary i zostają przyjęci przez Boga.

Sprawiając radość Bogu poprzez uczynki wiary

Poniżej znajduje się kilka przykładów z Biblii. Pierwszy z 2 Księgi Królów rozdziału 5, gdzie zapisana jest historia Naamana, przywódcy wojsk króla Aramu. Naaman doświadczył działania Bożej mocy, kiedy okazał się posłuszny prorokowi Eliaszowi, przez którego przemawiał Bóg.

Naaman był wybitnym generałem. Kiedy zachorował na trąd, odwiedził Eliasza, o którym mówiono, że czyni cuda. Jednak, kiedy tak znany i poważany dowódca jak Naaman przybył do Eliasza w wielką ilością złota, srebra oraz szat, prorok wysłał swojego posłańca i powiedział: „Idź, obmyj się siedem razy w Jordanie, a ciało twoje będzie takie jak poprzednio i staniesz się czysty!" (w.10).

Początkowo, Naaman rozgniewał się, ponieważ nie został uzdrowiony przez proroka. Ponadto, Eliasz nie pomodlił się za nim, lecz kazał mu umyć się w Jordanie. Jednak w końcu Naaman zmienił zdanie i usłuchał. Mimo, iż nie podobały mu się słowa Eliasza i nie zgadzał się z swoich myślach, był zdeterminowany, aby przynajmniej spróbować być posłusznym prorokowi Bożemu.

Naaman obmył się sześć razy w Jordanie, jednak nie zobaczył żadnej zmiany. Jednak kiedy uczynił to po raz siódmy, jego ciało zostało odnowione i oczyszczone jak ciało małego chłopca (w. 14).

W sensie duchowym woda symbolizuje słowo Boga. Fakt, że Naaman zanurzył się w Jordanie oznacza, że dzięki Jego słowu, Naaman został oczyszczony z grzechu. Ponadto, liczba siedem oznacza doskonałość. To, że Naaman obmył się siedem razy oznacza, że otrzymał całkowite przebaczenie.

Tak samo, jeśli pragniemy, aby Bóg nas wysłuchał, musimy żałować za grzechy tak, jak Naaman. Skrucha nie polega na tym, że powiemy: „Żałuję. Postąpiłem źle". Musimy "rozedrzeć nasze serca" (Joel 2,13). Ponadto, kiedy szczerze żałujemy za nasze grzechy, nie możemy ich już nigdy więcej popełniać. Dopiero kiedy ściana grzechu między nami a Bogiem zostanie zburzona, szczęście będzie mogło rozkwitnąć, problemy będą mogły być rozwiązane, i otrzymamy odpowiedzi na nasze modlitwy.

Po drugie, w 1 Księdze Królów 3 rozdziale, czytamy o królu Salomonie, który składa tysiąc ofiar całopalnych przed Bogiem. Poprzez niniejsze ofiary Salomon okazuje uczynki wiary, aby otrzymać od Boga odpowiedzi na modlitwy. W konsekwencji otrzymuje od Boga nie tylko to, o co prosił, ale o wiele więcej.

Aby złożyć tyle ofiar, Salomon naprawdę musiał się poświęcić. Król musiał schwytać i przygotować każdą ofiarę, zanim ją złożył. Czy potrafisz sobie wyobrazić, ile czasu, wysiłku i pieniędzy wymagało złożenie tysiąca ofiar? Oddanie Salomona nie byłoby możliwe, gdyby król nie wierzył w żyjącego Boga. Kiedy Bóg zobaczył poświęcenie Salomona, dał mu nie tylko mądrość, której król poszukiwał, ale również bogactwo i honor tak, że nie było mu równych.

W końcu, w 15 rozdziale ewangelii Mateusza czytamy historię kobiety z Fenicji, której córka była opętana przez demona. Przyszła do Jezusa w skrusze i prosiła Go o uzdrowienie. Jezus spełnił jej pragnienie. Jednakże na jej początkowe błaganie nie od razu zdecydował się uzdrowić jej córkę. Najpierw powiedział: „Niedobrze jest zabrać chleb dzieciom a rzucić psom" (w.26). Porównał ją do psa. Gdyby kobieta nie miała wiary, byłaby albo zawstydzona albo wściekła. Jednak miała wiarę, dzięki której nie poczuła się ani zła ani rozczarowana. Uklękła przy Nim i powiedziała: „Tak, Panie. lecz i szczenięta jedzą z okruszyn, które spadają ze stołów ich panów". Jezus był zadowolony z jej odpowiedzi i wiary, dlatego wypędził demona z jej córki.

Podobnie, jeśli chcemy doświadczyć uzdrowienia lub otrzymać odpowiedź na modlitwę, musimy do końca okazać wiarę. Ponadto, jeśli posiadasz wiarę, dzięki której możesz otrzymać od Niego odpowiedź, musisz stanąć gotowy przed Bogiem.

Oczywiście, ponieważ moc Boża manifestuje się w wielkim stopniu w Kościele Centralnym Manmin, możliwe jest otrzymanie uzdrowienia dzięki chusteczce, na której się modlę lub poprzez fotografię. Jednakże, jeśli chora osoba (która nie jest w stanie krytycznym) pragnie otrzymać uzdrowienie, musi przyjść do Boga. Człowiek może doświadczyć mocy Boga jedynie, kiedy słucha Jego słowa i ma wiarę. Jeśli dana osoba jest upośledzona lub opętana i nie może przyjść do Boga dzięki własnej wierze, jej rodzice lub rodzina mogą przyjść do Boga w jej imieniu.

Oprócz tego, istnieje o wiele więcej dowodów wiary. Na przykład, na twarzy człowieka, który ma wiarę, otrzymał odpowiedź na modlitwę lub został uzdrowiony, widać szczęście i wdzięczność. W Ewangelii Marka 11,24 Jezus mówi: „Wszystko, o co w modlitwie prosicie, stanie się wam, tylko wierzcie, że otrzymacie". Jeśli masz prawdziwą wiarę, możesz być szczęśliwy i wdzięczny. Ponadto, jeśli wyznajesz, że wierzysz w Boga, będziesz posłuszny Jego słowu. Ponieważ Bóg jest światłością, będziesz pragnął chodzić w światłości i zmienić swoje życie.

Bóg cieszy się uczynkami wiary i odpowiada na modlitwy. Czy posiadasz taki rodzaj oraz miarę wiary, które przyjmie Bóg? W Hebr. 11,6 czytamy: „Bez wiary zaś nie można podobać się Bogu. Przystępujący bowiem do Boga musi uwierzyć, że [Bóg] jest i że wynagradza tych, którzy Go szukają".

Jeśli dobrze zrozumiemy, co oznacza wiara w Boga oraz uczynki wiary, będziemy radością dla Boga, doświadczymy Jego mocy oraz błogosławieństw. O to modlę się w imieniu Jezusa Chrystusa!

Przesłanie 2
Aby wierzyć w Pana Jezusa

Hebr. 12,1-2

I my zatem mając dokoła siebie takie mnóstwo świadków, odłożywszy wszelki ciężar, [a przede wszystkim] grzech, który nas łatwo zwodzi, winniśmy wytrwale biec w wyznaczonych nam zawodach. Patrzmy na Jezusa, który nam w wierze przewodzi i ją wydoskonala.

On to zamiast radości, którą Mu obiecywano, przecierpiał krzyż, nie bacząc na [jego] hańbę, i zasiadł po prawicy tronu Boga

Wielu ludzi słyszało imię Jezusa Chrystusa. Jednak zaskakująca ilość ludzi nie wie, dlaczego jest jedynym Zbawicielem ludzkości oraz dlaczego możemy otrzymać zbawienie tylko wtedy, kiedy wierzymy w Jezusa. Co gorsza, są też chrześcijanie, którzy nie potrafią odpowiedzieć na powyższe pytania, mimo iż są one bezpośrednio związane ze zbawieniem. Oznacza to, że ci chrześcijanie prowadzą życie w Chrystusie nie rozumiejąc duchowego znaczenia niniejszych pytań.

Dlatego, tylko jeśli właściwe wiemy i rozumiemy, dlaczego Jezus jest naszym jedynym Zbawicielem oraz co oznacza przyjęcie Go i wiara w Niego, jeśli posiadamy prawdziwą wiarę, możemy doświadczyć mocy Boga.

Niektórzy ludzie po prostu uważają Jezusa za jednego z największych świętych. Inni sądzą, że jest założycielem chrześcijaństwa lub, że jest człowiekiem, który podczas swojego życia uczynił wiele dobra.

Jednakże, ci z nam, którzy stali się dziećmi Boga muszą być w stanie wyznać, że Jezus jest Zbawicielem ludzkości, który odkupił ludzi z grzechów. Jak możemy porównywać jedynego Syna Bożego, Jezusa Chrystusa do człowieka, który jest zaledwie stworzeniem? Nawet w czasach Jezusa było wiele różnych poglądów na Jego temat.

Syn Boga Stworzyciela, Zbawiciel

W Ewangelii Mateusza 16 opisana jest scena, kiedy Jezus pyta swoich uczniów: "Za kogo ludzie uważają Syna Człowieczego?" (w.15). Piotr odpowiedział: „Ty jesteś Mesjasz, Syn Boga żywego" (w. 16). Na to Jezus rzekł: "Błogosławiony jesteś, Szymonie, synu Jony. Albowiem nie objawiły ci tego ciało i krew, lecz Ojciec mój, który jest w niebie" (w.17). Dzięki działaniu mocy Boga, jaką pokazał Jezus, Piotr był pewny, że Jezus był synem Boga Stworzyciela i Chrystusem, Zbawiciele ludzkości.

Na początku, Bóg stworzył człowieka z prochu ziemi na swoje podobieństwo i zaprowadził go do Ogrodu Eden. W ogrodzie znajdowało się drzewo życia oraz drzewo poznania dobra i zła. Bóg polecił Adamowi: „Z wszelkiego drzewa tego ogrodu możesz spożywać według upodobania; ale z drzewa poznania dobra i zła nie wolno ci jeść, bo gdy z niego spożyjesz, niechybnie umrzesz" (Ks. Rodz. 2, 16-17).

Po długim czasie, pierwszy mężczyzna i kobieta – Adam i Ewa – zostali skuszeni przez węża, którym zawładnął szatan i okazali nieposłuszeństwo rozkazowi Bożemu. W końcu zjedli z drzewa poznania dobra i zła, oraz zostali wygnani z Ogrodu Eden. W konsekwencji ich czynu, potomkowie Adama i Ewy odziedziczyli grzeszną naturę. Co więcej, tak jak Bóg powiedział Adamowi, że na pewno umrze, dusze potomków Adama zmierzają ku wiecznej śmierci.

Dlatego, przed początkiem czasu, Bóg przygotował drogę zbawienie, Syna Boga Stworzyciela – Jezusa Chrystusa. W Dz. Ap. 4,12 czytamy: „I nie ma w żadnym innym zbawienia, gdyż nie dano ludziom pod niebem żadnego innego imienia, w którym moglibyśmy być zbawieni", oprócz Jezusa, nie ma nikogo, kto mógłby być Zbawicielem ludzkości.

Opatrzność Boża ukryta od początku czasów

1 Kor. 2,6-8 mówi nam: "A jednak głosimy mądrość między doskonałymi, ale nie mądrość tego świata ani władców tego świata, zresztą przemijających. Lecz głosimy tajemnicę mądrości Bożej, mądrość ukrytą, tę, którą Bóg przed wiekami przeznaczył ku chwale naszej, tę, której nie pojął żaden z władców tego świata". 1 Kor. 2,8-9 przypomina: "gdyby ją bowiem pojęli, nie ukrzyżowaliby Pana chwały; lecz właśnie głosimy, jak zostało napisane, to, czego ani oko nie widziało, ani ucho nie słyszało, ani serce człowieka nie zdołało pojąć, jak wielkie rzeczy przygotował Bóg tym, którzy Go miłują". Musimy uświadomić sobie, że droga zbawienia, którą Bóg przygotował dla ludzkości przez początkiem czasów jest drogą krzyżową Jezusa – to właśnie jest mądrość Boża, która była ukryta od wieków.

Jako Stworzyciel, Bóg zawsze kieruje wszystkim we wszechświecie oraz historią ludzkości. Król lub prezydent kraju rządzi krajem zgodnie z prawem danej ziemi; szef firmy kieruje nią zgodnie z jej zasadami; głowa domu dogląda swojej rodziny zgodnie z prawami rodzinnymi. Podobnie, mimo iż Bóg jest właścicielem wszystkiego we wszechświecie, rządzi wszystkim zgodnie z prawem rzeczywistości duchowej, opisanej w Biblii.

Zgodnie z prawem rzeczywistości duchowej „karą za grzech jest śmierć" (Rzym. 6,23). Jest to kara za winę i zasada dzięki której mogą zostać odpuszczone nasze grzechy. Dlatego Bóg stosuje zasadę odkupienia nas z grzechu, aby odnowić władzę, która została utracona na rzecz szatana przez nieposłuszeństwo Adama.

Jaka była zasada dzięki której ludzkość może być odkupiona, a władza, którą Adam utracił na rzecz wroga, odzyskana? Zgodnie z prawem odkupienia ziemi, Bóg przygotował drogę zbawienia ludzkości przed początkiem czasu.

Jezus Chrystus posiada wszelkie kwalifikacje zgodnie z prawem odkupienia ziemi

Bóg dał Izraelitom prawo odkupienia ziemi, które

mówiło, że ziemia nie mogła być sprzedawana na stałe, oraz że jeśli ktoś ubożał i sprzedawał swoją ziemię, jego krewny lub on sam mógł odkupić ziemię, odzyskując własność (Ks. Kapł. 25,23-28).

Bóg wiedział wcześniej, że Adam odda władzę, którą otrzymał od Boga szatanowi poprzez swoje nieposłuszeństwo. Co więcej, jako prawdziwy i pierwotny właściciel wszystkiego we wszechświecie, Bóg przekazał diabłu władzę i chwałę, jaką posiadał Adam, jak wymagało prawo rzeczywistości duchowej. Dlatego diabeł kusił Jezusa w 4 rozdziale Łukasza, pokazując Mu Szymskie królestwa świata. Jezus powiedział: „Tobie dam potęgę i wspaniałość tego wszystkiego, bo mnie są poddane i mogę je odstąpić, komu chcę. Jeśli więc upadniesz i oddasz mi pokłon, wszystko będzie Twoje" (Łuk. 4,6-7).

Zgodnie z prawem odkupienia ziemi, ziemia należy do Boga. Dlatego człowiek nie może sprzedać ziemi na stałe, a kiedy pojawi się człowiek z odpowiednimi kwalifikacjami, ziemia może zostać odzyskana przez tę osobę. Podobnie, wszystko we wszechświecie należy do Boga, więc Adam nie mógł pozbyć się tego na stałe, a diabeł nie mógł posiąść tego na stałe. Dlatego, kiedy jakiś człowiek był w stanie odkupić utraconą władzę Adama, wróg diabeł nie miał wyboru, tylko oddać władzę, jaką otrzymał od Adama.

Przed początkiem czasów, Bóg sprawiedliwości przygotował niewinnego człowieka zgodnie z prawem odkupienia ziemi oraz drogę zbawienia dla ludzkości w Jezusie.

W jaki sposób, w takim razie, zgodnie z prawem odkupienia ziemi, Jezus mógł odzyskać władzę przekazaną diabłu? Tylko ponieważ Jezus spełnił cztery wymagane warunki, mógł odkupić grzechy i odzyskać władzę przekazaną diabłu.

Po pierwsze, odkupiciel musi być człowiekiem, najbliższym potomkiem Adama

W Ks. Kapłańskiej 25,25 czytamy: „Jeżeli twój brat zubożeje i sprzeda swoją posiadłość, wtedy wystąpi jego najbliższy krewny jako "wykupujący" i odkupi ziemię sprzedaną przez brata". Ponieważ najbliższy krewny mógł odkupić ziemię, aby władza, którą utracił Adam, mogła zostać odzyskana, najbliższym krewnym musi być człowiekiem. W 1 Kor. 15,21-22 czytamy: „Ponieważ bowiem przez człowieka [przyszła] śmierć, przez człowieka też [dokona się] zmartwychwstanie. I jak w Adamie wszyscy umierają, tak też w Chrystusie wszyscy będą ożywieni". Innymi słowy, kiedy śmierć weszła na świat z powodu nieposłuszeństwa człowieka, ożywienie umarłych musi nastąpić poprzez człowieka.

Jezus jest „słowem, które stało się ciałem" i przyszedł na ziemię (Jan 1,14) jako Syn Boży, narodzony w ciele. Posiadał boską i ludzką naturę. Co więcej Jego narodziny są faktem historycznym i istnieje wiele dowodów, które o tym świadczą. Najważniejsze jest to, że historia ludzkości podzielona jest na „p.n.e." – przed Chrystusem oraz „n.e." – po Chrystusie.

Ponieważ Jezus przyszedł na tę ziemię w ciele, jest najbliższym krewnym Adama i spełnia wymagane kwalifikacje.

Po drugie, Odkupiciel nie może być potomkiem Adama

Aby człowiek mógł odkupić innych od grzechu, sam nie może być grzesznikiem. Wszyscy potomkowie Adama stali się grzesznikami poprzez Jego nieposłuszeństwo. Dlatego zgodnie z prawem odkupienia ziemi, odkupiciel nie może być potomkiem Adama.

W Apokalipsie 5,1-3 czytamy:

I ujrzałem na prawej ręce Zasiadającego na tronie księgę zapisaną wewnątrz i na odwrocie zapieczętowaną na siedem pieczęci. I ujrzałem potężnego anioła, obwieszczającego głosem donośnym: Kto godzien jest otworzyć księgę i złamać jej pieczęcie? A nie mógł nikt - na niebie ani na ziemi, ani pod ziemią - otworzyć księgi ani na nią patrzeć.

Księga zapieczętowana siedmioma pieczęciami odnosi się do umowy między Bogiem a szatanem zawartej po nieposłuszeństwie Adama, a ten, który jest godny, aby otworzyć księgę i złamać jej pieczęcie musi kwalifikować się zgodnie z prawem odkupienia ziemi. Kiedy apostoł Jan rozglądał się za osobą, która mogłaby złamać pieczęcie, nie potrafił znaleźć nikogo.

Jan spojrzał w niebo – byli tam aniołowie, ale nie było człowieka. Spojrzał na ziemię i widział jedynie potomków Adama, z których wszyscy byli grzesznikami. Spojrzał również po ziemię i widział grzeszników skazanych na piekło oraz pomocników szatana. Jan zaszlochał, ponieważ nie było osoby, która posiadała odpowiednie kwalifikacje zgodnie z prawem odkupienia ziemi (w.4).

Wtedy jeden ze starszych pocieszył Jana i powiedział mu: „Przestań płakać: Oto zwyciężył Lew z pokolenia Judy, Odrośl Dawida, tak że otworzy księgę i siedem jej pieczęci" (w.5). „Lew z pokolenia Judy, odrośl Dawida" odnosi się tutaj do Jezusa, który pochodził z plemienia Judy i z domu Dawida. Jezus kwalifikuje się, aby być odkupicielem zgodnie z prawem odkupienia ziemi.

W Ewangelii Mateusza 1,18-21, czytamy sprawozdanie z narodzin Jezusa:

„Z narodzeniem Jezusa Chrystusa było tak. Po zaślubinach Matki Jego, Maryi, z Józefem, wpierw nim zamieszkali razem, znalazła się brzemienną za sprawą Ducha Świętego. Mąż Jej, Józef, który był człowiekiem sprawiedliwym i nie chciał narazić Jej na zniesławienie, zamierzał oddalić Ją potajemnie. Gdy powziął tę myśl, oto anioł Pański ukazał mu się we śnie i rzekł: Józefie, synu Dawida, nie bój się wziąć do siebie Maryi, twej Małżonki; albowiem z Ducha Świętego jest to, co się w Niej poczęło. (Porodzi Syna, któremu nadasz imię Jezus, On bowiem zbawi swój lud od jego grzechów".

Powodem, dla którego jedyny Syn Boży przyszedł na ten świat w ciele (Jan 1,14) i narodził się z dziewicy Marii jest to, że Jezus musiał być człowiekiem, lecz nie mógł być potomkiem Adama, aby mógł spełniać wymogi prawa odkupienia ziemi.

Po trzecie, odkupiciel musi posiadać moc

Przypuśćmy, że młodszy brat ubożeje i sprzedaje swoją ziemię, a jego starszy brat chce odkupić ziemię swojego młodszego brata. Starszy brat musi posiadać wystarczające środki, aby ją odkupić (Ks. Kapł. 25,26). Podobnie, jeśli młodszy brat ma wielki dług, a starszy brat chce go spłacić, musi mieć ku temu środki, a nie tylko dobre chęci.

Tak samo, aby przemienić grzesznika w człowieka sprawiedliwego, konieczne są odpowiednie środki oraz moc. Moc, aby odkupić ziemię odnosi się do mocy, aby odkupić ludzi z grzechu. Innymi słowy, odkupiciel ludzi musi posiadać kwalifikacje zgodnie z prawem odkupienia ziemi i nie może być grzesznikiem.

Ponieważ Chrystus nie jest potomkiem Adama, nie ma grzechu pierwotnego. Jezus nie popełnił też grzechu, ponieważ zachowywał prawo w swoim 33-letnim życiu na ziemi. Został obrzezany ósmego dnia po narodzeniu, czyli przed swoją trzyletnią służbą. Jezus był posłuszny i kochał swoich rodziców oraz zachowywał przykazania.

W Hebr. 7,26 czytamy: „Takiego bowiem potrzeba nam było arcykapłana: świętego, niewinnego, nieskalanego, oddzielonego od grzeszników, wywyższonego ponad niebiosa". A w 1 Piotra 2,22-23: „On grzechu nie popełnił, a w Jego ustach nie było podstępu. (23) On, gdy Mu złorzeczono, nie złorzeczył, gdy cierpiał, nie groził, ale oddawał się Temu, który sądzi sprawiedliwie".

Po czwarte, odkupiciel musi kochać

Aby odkupić ziemię, wymagana jest również miłość. Bez miłości, starszy brat nie jest w stanie odkupić ziemi swojego młodszego brata. Nawet jeśli jest najbogatszym człowiekiem na ziemi, a jego brat ma olbrzymi dług, jeśli starszy brat nie kocha młodszego, nie pomoże mu spłacić długu. Co dobrego niosłyby wtedy ze sobą moc i bogactwo starszego brata? W Ks. Rut rozdziale 4 czytamy historię Boaza, który był świadomy, w jakiej sytuacji znalazła się teściowa Rut. Kiedy Boaz poprosił krewnego, aby odkupił spadek Naomi, krewny odpowiedział: „Nie mogę skorzystać z prawa wykupu, nie ponosząc szkody na swoim majątku. Wypełnij ty moje prawo krewnego, bo ja nie mogę go wypełnić" (w.6). Wtedy Boaz w swojej miłości odkupił ziemię dla Noemi. Boaz był wielce błogosławiony jako przodek

Dawida. Jezus, który przyszedł na tę ziemię w ciele, nie był potomkiem Adama, ponieważ narodził się z Ducha Świętego i nie popełnił grzechu. Dlatego miał właściwe środki, aby nas odkupić. Gdyby Jezus nie miał miłości, nie zniósłby jednak cierpienia ukrzyżowania. Jednak Jezus był tak pełen miłości, że wytrwał ukrzyżowanie, przelał krew i odkupił ludzkość, otwierając drogę zbawienia. To dzięki niezmierzonej miłości naszego Boga Ojca oraz poświęceniu Jezusa, który był posłuszny aż do śmierci.

Powód, dla którego Jezus został powieszony na drzewie

Dlaczego powieszono Jezusa na drewnianym krzyżu? Miało to spełnić prawo rzeczywistości duchowej, które mówi: „Z tego przekleństwa Prawa Chrystus nas wykupił - stawszy się za nas przekleństwem, bo napisane jest: Przeklęty każdy, którego powieszono na drzewie" (Gal. 3,13). Jezus został powieszony na krzyżu w naszym imieniu, aby mógł odkupić grzeszników z przekleństwa grzechu. W Ks. Kapł. 17,11 czytamy: "Bo życie ciała jest we krwi, a Ja dopuściłem ją dla was [tylko] na ołtarzu, aby dokonywała przebłagania za wasze życie, ponieważ krew jest przebłaganiem za życie". Natomiast w Hebr. 9,22: „I prawie wszystko oczyszcza się krwią według Prawa, a bez rozlania krwi nie ma odpuszczenia /grzechów/". Krew to życie, ponieważ nie ma przebaczenia bez przelania krwi. Jezus przelał swoją niewinną i cenną krew, abyśmy mogli zyskać życie.

Co więcej, przez Jego cierpienie na krzyżu, wierzący są uwolnieni od przekleństwa chorób, dolegliwości, biedy, itp. Ponieważ Jezus żył w biedzie na ziemi, wziął ją na siebie. Ponieważ Jezus został ubiczowany, wziął na siebie nasze choroby. Ponieważ założono mu koronę z cierni, odkupił nas od grzechów, które popełniamy w naszych myślach. Ponieważ jego dłonie i stopy zostały przybite do krzyża gwoździami, odkupił nas od grzechów, które popełniamy rękami i nogami.

Wiara w naszego Pana oznacza przemianę w prawdę

Ludzie, którzy rzeczywiście rozumieją opatrzność krzyża oraz wierzą w Niego w głębi serca pozbędą się grzechów i będą żyć zgodnie z wolą Bożą. Jezus powiedział w Jan 14,23: „Jeśli Mnie kto miłuje, będzie zachowywał moją naukę, a Ojciec mój umiłuje go, i przyjdziemy do niego, i będziemy u niego przebywać", tacy ludzie otrzymają Bożą miłość i błogosławieństwa.

Dlaczego w takim razie są ludzie, którzy wyznają wiarę w Jezusa, jednak nie otrzymują odpowiedzi na swoje modlitwy i napotykają na próby oraz trudności? Ponieważ nawet jeśli mówią, że wierzą w Boga, Bóg nie uważa ich wiary za prawdziwą wiarę. Oznacza to, że pomimo tego, iż usłyszeli słowo Boże, nie wyzbyli się grzechu i nie przyjęli prawdy.

Na przykład, jest wielu wierzących, którzy nie przestrzegają dziesięciu przykazań – fundamentalnych zasad życia w Chrystusie. Takie osoby świadome są przykazania „Pamiętaj o dniu sabatu, aby go święcić", jednak biorą udział jedynie w nabożeństwie porannym lub w żadnym i wykonują swoją pracę w dzień Pański. Wiedzą, że powinni oddawać dziesięcinę, jednak ponieważ pieniądze są dla nich zbyt ważne, nie oddają jej w całości. Jednak Bóg jasno powiedział, że nie oddawanie dziesięciny jest kradzieżą, dlatego nie wysłuchuje ich modlitw i nie błogosławi (Mal. 3,8).

Są również ludzie wierzący, którzy nie wybaczają błędów ani win innych ludzi. Są źli i knują plany zemsty. Inni składają obietnice tylko po to, żeby je łamać, podczas gdy jeszcze inni obwiniają i lamentują, jak ludzie z tego świata. Jakże można by stwierdzić, że posiadają prawdziwą wiarę?

Jeśli mamy prawdziwą wiarę, musimy starać się postępować zgodnie z wolą Boga, unikać zła i być podobnymi do Chrystusa, który oddał swoje życie za grzeszników. Tacy ludzie potrafią przebaczać i kochać nawet tych, którzy ich nienawidzą i ranią. Zawsze służą i poświęcają się innym.

Kiedy pozbędziesz się porywczości, zostaniesz przemieniony w spokojną osobę, której usta wypowiadają słowa dobroci i ciepła. Jeśli ciągle narzekasz, dzięki wierze zaczniesz oddawać cześć we wszelkich okolicznościach oraz dzielić się łaską z ludźmi wokół.

Jeśli szczerze wierzymy w Pana, każdy z nas musi się do Niego upodobnić i prowadzić przemienione życie. Właśnie w taki sposób możemy otrzymać Boże błogosławieństwa i odpowiedzi na modlitwy.

W Hebr. 12,1-2 czytamy:

"I my zatem mając dokoła siebie takie mnóstwo świadków, odłożywszy wszelki ciężar, [a przede wszystkim] grzech, który nas łatwo zwodzi, winniśmy wytrwale biec w wyznaczonych nam zawodach. Patrzmy na Jezusa, który nam w wierze przewodzi i ją wydoskonala. On to zamiast radości, którą Mu obiecywano, przecierpiał krzyż, nie bacząc na [jego] hańbę, i zasiadł po prawicy tronu Boga".

Oprócz praojców wiary, których znajdujemy w Biblii, wśród ludzi wokół nas jest wielu ludzi, którzy otrzymują zbawienie i błogosławieństwa dzięki wierze w Jezusa.

Jak wielka chmura świadków, obyśmy mieli prawdziwą wiarę! Odrzućmy wszystko, co nas powstrzymuje oraz grzech, który tak łatwo nas zniewala i starajmy się przypominać Jezusa. Tylko wtedy, jak obiecuje Jezus w Jan 15,7: „Jeżeli we Mnie trwać będziecie, a słowa moje w was, poproście, o cokolwiek chcecie, a to wam się spełni", będziemy prowadzić życie pełne wysłuchanych modlitw i błogosławieństw.

Jeśli nie prowadzisz takiego życia, spójrz wstecz, rozedrzyj swoje serce w skrusze i żałuj za to, że niewłaściwie wierzyłeś w Pana oraz postępuj w swoim życiu zgodnie ze słowem Boga.

Modlę się, aby każdy z nas posiadł prawdziwą wiarę, doświadczył mocy Bożej oraz uwielbił Go swoimi odpowiedziami oraz błogosławieństwami w imieniu Jezusa Chrystusa.

Przesłanie 3
Naczynie piękniejsze niż biżuteria

2 Tym. 2,20-21

Jeśliby więc ktoś oczyścił siebie samego z tego wszystkiego, będzie naczyniem zaszczytnym, poświęconym, pożytecznym dla właściciela, przygotowanym do każdego dobrego czynu. Uciekaj zaś przed młodzieńczymi pożądaniami, a zabiegaj o sprawiedliwość, wiarę, miłość, pokój - wraz z tymi, którzy wzywają Pana czystym sercem

Bóg stworzył ludzkość, aby mógł mieć prawdziwe dzieci, z którymi mógłby dzielić prawdziwą miłość. Jednak ludzie grzeszyli, oddalając się od prawdziwego celu stworzenia i stali się niewolnikami szatana (Rzym. 3,23). Bóg miłości ustanowił celu w postaci zbierania żniw Otworzył drogę zbawienia dla ludzi grzesznych. Bóg miał Swojego Jedynego Syna Jezusa, który został ukrzyżowany na krzyżu, aby mógł odkupić grzechy ludzkości.

Dzięki tej niezwykłej miłości oraz poświęceniu, każde, kto wierzy w Jezusa ma przed sobą otwartą księgę . Każdy, kto wierzy w swoim sercu, że Jezus umarł i powstał z martwych z grobu oraz wyznaje ustami, że Jezus jest Zbawicielem, człowiekiem danym przez Boga.

Ukochane dzieci Boże porównane do naczynia

W 2 Tym. 2,20-21 czytamy: „Przecież w wielkim domu znajdują się naczynia nie tylko złote i srebrne, lecz i drewniane, i gliniane: jedno do użytku zaszczytnego, a drugie do niezaszczytnego. Jeśliby więc ktoś oczyścił siebie samego z tego wszystkiego, będzie naczyniem zaszczytnym, poświęconym, pożytecznym dla właściciela, przygotowanym do każdego dobrego czynu", celem naczynia jest to, aby można było w nim coś umieścić.

Bóg pragnie, aby Jego dzieci były „naczyniami", ponieważ może wypełnić je miłością i łaską, jak również swoim Słowem, które jest prawdą oraz mocą i władzą. Dlatego, musimy uświadomić sobie, że w zależności od tego jakim będziemy naczyniem, będziemy mogli cieszyć się dobrymi darami i błogosławieństwami, jakie Bóg przygotował.

Jakim naczyniem jest w takim razie osoba, która otrzymuje od Boga błogosławieństwa? Jest naczyniem, które Bóg uważa za cenne, szlachetne i piękne.

Po pierwsze, cenne naczynie jest takie, które w pełni wypełnia powierzone mu przez Boga obowiązki. Jan Chrzciciel, który przygotował drogę dla Jezusa, oraz Mojżesz, który wyprowadził Izraelitów z Egiptu należeli do takiej kategorii.

Po drugie, szlachetne naczynie może się poszczycić takimi cechami jak szczerość, prawdziwość, rozsądek oraz wierność, które są niestety dość rzadkie u przeciętnych ludzi. Józef i Daniel, którzy sprawowali funkcję premierów wielkich narodów i wspaniale uwielbili Boga, należą właśnie do tej kategorii.

W końcu, piękne naczynie to takie, które ma dobre serce, które nie kłóci się ani nie sprzecza, lecz akceptuje i toleruje wszystko. Estera, która ocaliła swoich ziomków oraz Abraham nazwany przyjacielem Boga należą do tej kategorii.

Naczynie piękniejsze niż klejnoty to właśnie osoba, która uważana jest za cenną, szlachetną i piękną w oczach Bożych. Klejnot kryty wśród żwiru rzuca się w oczy. Podobnie, ludzie Boży piękniejsi niż klejnoty są łatwo zauważalni.

Większość klejnotów jest drogich ze względu na ich wielkość, jednak połysk i kolory są tym, co ludzie uważają za piękne. Jednakże, nie tylko błyszczące kamienie uważane są za klejnot. Prawdziwe klejnoty muszą mieć barwę i połysk, ale także muszą być solidne. Solidność odnosi się do wytrzymałości na ciepło, kontakt z innymi substancjami oraz zachowanie kształtu. Innym ważnym czynnikiem jest też brak danego materiału.

Jeśli jest naczynie piękne, solidne i rzadko występujące, jakże cenne, szlachetne i piękne będzie się wydawało? Bóg pragnie, aby Jego dzieci stały się naczyniami piękniejszymi niż klejnoty i chce, aby prowadziły błogosławione życie. Kiedy Bóg odnajduje takie naczynia, otula je swoją miłością i zadowoleniem.

Jak możemy stać się naczyniami piękniejszymi niż klejnoty w oczach Boga?

Po pierwsze, musimy wypełnić nasze serca zadowoleniem ze słowa Bożego, które jest prawdą.

Aby naczynie było stosowane zgodnie z jego przeznaczeniem, musi być przede wszystkim czyste. Nawet drogie, złote naczynie nie może być używane, jeśli jest poplamione lub popękane. Tylko jeśli jest czyste, może być użyte zgodnie z przeznaczeniem.

Taka sama zasada odnosi się do dzieci Bożych. Bóg

przygotował dla swoich dzieci obfite błogosławieństwa i dary, błogosławieństwa bogactwa i zdrowia, itp. Abyśmy mogli otrzymać te błogosławieństwa i dary, musimy przygotować się tak, aby być czystymi naczyniami.

W Jer. 17,9 czytamy: „Serce jest zdradliwsze niż wszystko inne i niepoprawne - któż je zgłębi?", a w Mat. 15,18-19: „Lecz to, co z ust wychodzi, pochodzi z serca, i to czyni człowieka nieczystym. Z serca bowiem pochodzą złe myśli, zabójstwa, cudzołóstwa, czyny nierządne, kradzieże, fałszywe świadectwa, przekleństwa". Dlatego tylko jeśli oczyścimy swoje serca, możemy stać się czystymi naczyniami. Kiedy staniemy się czyści, nie będziemy już mieć złych myśli, wypowiadać złych słów oraz czynić źle.

Oczyszczenie naszego serca jest możliwe jedynie dzięki wodzie duchowej – słowu Boga. Dlatego Bóg zachęca nas w Liście do Efezjan 5,26, abyśmy „go uświęcili, oczyściwszy obmyciem wodą, któremu towarzyszy słowo" oraz w Hebr. 10,22: „przystąpmy z sercem prawym, z wiarą pełną, oczyszczeni na duszy od wszelkiego zła świadomego i obmyci na ciele wodą czystą".

W jaki sposób oczyszcza nas woda duchowa – Słowo Boże? Musimy być posłuszni przykazaniom znajdującym się w 66 księgach Biblii, które mają na celu oczyszczenie naszych serc. Postępowanie zgodnie z przykazaniami doprowadzi nas do tego, że pozbędziemy się zła i grzechu. Zachowanie tych, którzy oczyścili swoje serca Słowem Bożym zmieni się i będzie oświetlone światłem Chrystusa. Jednakże, posłuszeństwo słowu nie może zostać osiągnięte własną siłą i wolą. Duch Święty musi prowadzić człowieka i pomagać mu.

Kiedy słyszymy i rozumiemy słowo, otwieramy nasze serca i przyjmujemy Jezusa jako naszego Zbawiciela, Bóg daje nam Ducha Świętego jako dar .Duch Święty zamieszkuje w ludziach, którzy przyjmują Jezusa jako Zbawiciela i pomaga im słyszeć oraz rozumieć słowo prawdy. Pismo mówi nad, że: „To, co się z ciała narodziło, jest ciałem, a to, co się z Ducha narodziło, jest duchem" (Jan 3,6). Dzieci Boga, które otrzymują Ducha Świętego jako dar mogą pozbyć się grzechów i zła dzięki mocy Ducha Świętego oraz stać się ludźmi ducha.

Czy odczuwacie niepokój i martwicie się, kiedy

zastanawiacie się nad tym, jak uda wam się zachowywać wszystkie przykazania? 1 Jan 5,2-3 przypomina nam: "Po tym poznajemy, że miłujemy dzieci Boże, gdy miłujemy Boga i wypełniamy Jego przykazania, albowiem miłość względem Boga polega na spełnianiu Jego przykazań, a przykazania Jego nie są ciężkie". Jeśli kochasz Boga z głębi serca, przestrzeganie przykazań nie będzie dla ciebie trudne.

Kiedy rodzicom rodzi się dziecko, rodzice opiekują się maleństwem, karmią go, ubierają, kapią i tak dalej. Z drugiej strony, jeśli rodzice opiekowaliby się dzieckiem, które nie jest ich dzieckiem, mogłoby to być ciężarem. Nawet jeśli dziecko budzi się w nocy i płacze, rodzice nie czują się obciążeni. Tak bardzo kochają swoje dziecko. Robienie czegoś z miłości jest źródłem radości i szczęścia. Nie jest trudne ani uciążliwe. Tak samo, jeśli prawdziwe wierzymy w to, że Bóg jest naszym Ojcem, że Jego miłość jest niezmienna, że dał swojego jedynego Syna, aby został ukrzyżowany za nas na krzyżu, jakże moglibyśmy Go nie kochać? Co więcej, jeśli kochamy Boga życie zgodne Jego przykazaniami nie będzie uciążliwe. Uciążliwe natomiast byłoby dla nas życie bez Boga i nieposłuszeństwo Jego słowu.

Cierpiałem z powodu różnych chorób przez siedem lat zanim siostra zaprowadziła mnie do świątyni Bożej. Otrzymałem ogień Ducha Świętego i uzdrowienie z chorób w chwili, gdy uklęknąłem w świątyni. Spotkałem żywego Boga. Był 17 kwietnia 1974 roku. Od tamtej pory zacząłem uczęszczać na wszelkie nabożeństwa, aby dziękować Bogu za Jego łaskę. W listopadzie tamtego roku wziąłem udział w pierwszym spotkaniu ożywieniowym, na którym zacząłem uczyć się Jego Słowa oraz fundamentalnych zasad życia w Chrystusie.

'Taki właśnie jest Bóg!'
'Muszę odrzucić wszystkie moje grzechy'
'Tak dzieję się, kiedy wierzę!'
'Muszę rzucić palenie i picie.'
'Pragnę ciągle się modlić.'
'Oddawanie dziesięciny jest konieczne,
I nie chcę przychodzić do Boga z pustymi rękami.'

Cały tydzień przyjmowałem Słowo dzięki mówieniu „Amen" w moim sercu!

Autor dr Jaerock Lee

Po spotkaniu ożywieniowym rzuciłem palenie i picie oraz zacząłem oddawać dziesięcinę i dary. Zacząłem się również modlić i stopniowo stałem się człowiekiem modlitwy. Robiłem tak, jak się nauczyłem i zacząłem też czytać Biblię.

Zostałem uzdrowiony z wielu chorób i dolegliwości, których nie mogłem się pozbyć żadnymi ludzkimi sposobami. Boża moc jest kluczem. Dlatego, potrafiłem uwierzyć w każdy rozdział i werset Biblii. Byłem wtedy na początkowym etapie wiary, więc nie wszystkie fragmenty Biblii były dla mnie proste do zrozumienia. Jednak potrafiłem zrozumieć przykazania, więc natychmiast zacząłem się do nich stosować. Na przykład, kiedy Biblia mówiła mi, że nie powinienem kłamać, mówiłem sobie: „Kłamstwo jest grzechem! Biblia mówi mi, że nie powinienem kłamać, więc nie będę!". Modliłem się również do Boga: „Boże pomóż mi odciąć grzech kłamstwa!". Nie oszukiwałem ludzie, jednak chciałem gorąco modlić się o to, aby nie oszukiwać ludzi nawet przypadkowo.

Wielu ludzi kłamie, a większość z nich nie jest nawet tego świadomymi. Kiedy dzwoni ktoś, z kim nie masz ochoty rozmawiać przez telefon, czy nigdy nie poprosiłem swoich dzieci, współpracowników czy przyjaciół, aby powiedzieli, że cię nie ma. Wielu ludzi kłamie, ponieważ „troszczą" się o innych. Kłamią na przykład kiedy zostaną zapytani, czy mają ochotę coś zjeść lub napić, będąc w gości. Nawet jeśli są głodni lub spragnienie, nie chcą być ciężarem i mówią: „Nie dziękuję. Jadłem (lub piłem) zanim przyszedłem". Kiedy nauczyłem się, że kłamstwo nawet wynikające z dobrych chęci nadal pozostaje kłamstwem, modliłem się o to, abym zupełnie wyzbył się kłamstwa.

Co więcej, przygotowałem listę wszystkich złych i grzesznych rzeczy, których chciałem się pozbyć i modliłem się o to. Dopiero kiedy przekonałem się, że zupełnie odciąłem się od jednego ze złych nawyków i grzechów, wtedy skreślałem go z listy czerwonym długopisem. Jeśli było coś złego lub grzesznego, czego było mi się trudno wyzbyć pomimo modlitwy, zaczynałem pościć. Jeśli po trzech dniach postu nadal nie udawało mi się tego zrobić, wydłużałem post do pięciu dni. Jeśli nadal powtarzałem ten sam grzech, wydłużałem post do siedmiu dni. Jednakże rzadko zdarzała się sytuacja, abym musiał pościć przez tydzień. Z reguły po trzech dniach postu udawało mi się pozbyć grzechu. Ponieważ powtarzałem taki proces, aby pozbyć się grzechu, stawałem się coraz czystszym naczyniem.

Trzy lata po moim spotkaniu z Panem, odrzuciłem wszelkie nieposłuszeństwo Słowu Boga i mogłem zostać uznany za czyste naczynie w Jego oczach. Ponadto, ponieważ zachowywałem przykazania, zacząłem żyć zgodnie ze słowem Boga w krótkim czasie. Kiedy zmieniłem się w czyste naczynie, Bóg obficie mi błogosławił. Moja rodzina otrzymała błogosławieństwo zdrowia. Mogłem szybko spłacić moje długi. Otrzymałem błogosławieństwa fizyczne i duchowe. Ponieważ Biblia zapewnia nas: „Umiłowani, jeśli serce nas nie oskarża, mamy ufność wobec Boga, i o co prosić będziemy, otrzymamy od Niego, ponieważ zachowujemy Jego przykazania i czynimy to, co się Jemu podoba" (1 Jan 3,21-22).

Po drugie, aby stać się naczyniem piękniejszym niż klejnoty, musimy być oczyszczeni ogniem oraz świecić światłem duchowym

Drogie kamienie w pierścionkach i naszyjnikach kiedyś były zanieczyszczone. Jednakże, zostały oczyszczone przez jubilerów, dzięki czemu lśnią pięknym blaskiem oraz mają piękne kształty. Tak jak utalentowany jubiler tnie, poleruje i oczyszcza ogniem drogocenne kamienie i nadaje im piękne kształty, Bóg czyni ze swoimi dziećmi. Bóg utrzymuje w ryzach nie tyle z powodu ich grzechów, ale ponieważ dzięki dyscyplinie może ich błogosławić duchowo i fizycznie. W oczach Jego dzieci, które nie zgrzeszyły ani nie zrobiły nic złego, może się wydawać, że muszą wytrzymać ból i cierpienie. Jest to proces, poprzez który Bóg kształtuje i utrzymuje w ryzach swoje dzieci, aby mogły świecić w pięknych barwach. W 1 Piotra 2,19 czytamy: „To się bowiem podoba [Bogu], jeżeli ktoś ze względu na sumienie [uległe] Bogu znosi smutki i cierpi niesprawiedliwie". „Przez to wartość waszej wiary okaże się o wiele cenniejsza od zniszczalnego złota, które przecież próbuje się w ogniu, na sławę, chwałę i cześć przy objawieniu Jezusa Chrystusa" (1 Piotra 1,7).

Nawet jeśli dzieci Boże odrzuciły już wszelkie zło i stały się uświęconymi naczyniami, w wybranej przez Boga chwili,

Bóg pozwoli na to, aby znów zostały wypróbowane i stały się naczyniami jeszcze piękniejszymi niż klejnoty. Druga część wersetu w 1 Jana 1,5 mówi: „Bóg jest światłością, a nie ma w Nim żadnej ciemność", ponieważ Bóg jest światłem samym w sobie bez skazy czy wady, prowadzi swoje dzieci do takiego samego światła.

Dlatego też, kiedy przejdziemy przez próby w dobroci i miłości, staniemy się błyszczącymi i pięknymi naczyniami. Poziom duchowej władzy i mocy jest różny zgodnie z jasnością światła duchowego. Ponadto, kiedy lśni duchowe światło, wróg nie może tego znieść.

W 9 rozdziale Ewangelii Marka opisana jest scena, w której Jezus wypędził złego ducha z chłopca, którego ojciec błagał Jezusa o uzdrowienie syna. Jezus zganił złego ducha: „Duchu niemy i głuchy, rozkazuję ci, wyjdź z niego i nie wchodź więcej w niego"(w.25). Zły duch opuścił chłopca, któremu wrócił rozum. Przed niniejszą sceną, została opisana inna scena, w której ojciec przyprowadza swojego syna do uczniów Jezusa którzy nie potrafili wypędzić demona. Ponieważ poziom duchowej światłości uczniów i światła Jezusa były inne.

Co w takim razie musimy uczynić, aby osiągnąć ten sam

poziom światłości duchowej, jaki posiadał Jezus? Możemy zwyciężyć w jakiejkolwiek próbie wytrwale wierząc w Boga, pokonując zło dobrem, a nawet kochając wroga. W konsekwencji, kiedy nasza dobroć, miłość i sprawiedliwość są szczere, tak jak Jezus będziemy w stanie wypędzać demony i leczyć choroby i dolegliwości.

Błogosławieństwa przygotowane dla naczyń piękniejszych niż klejnoty

Kiedy szedłem ścieżką wiary przez lata mojego życia, przetrwałem wiele prób. Na przykład, kilka lat temu zostałem oskarżony w programie telewizyjnym, przetrwałem próbę bolesną i okrutną jak śmierć. Ludzie, którzy dzięki mnie doświadczyli łaski i których długo uważałem za przyjaciół, zdradzili mnie.

Dla ludzi na tym świecie, stałem się obiektem nieporozumień i celem winy, podczas gdy wielu członków kościoła Manmin cierpiało i było niesprawiedliwie prześladowanych. Niemniej jednak zwyciężyliśmy próbę w dobroci i oddaliśmy wszystko Bogu, prosząc Go i miłość i łaskę, abyśmy byli w stanie przebaczyć.

Ponadto, nie nienawidziłem ani nie porzuciłem tych, którzy odeszli lub utrudniali działanie kościoła. W czasie prób, wierzyłem, że mój Ojciec Bóg kochał mnie. W taki sposób stawiłem czoła tym, którzy wyrządzili mi krzywdę, w dobroci i miłości. Tak jak student doświadcza uznania, jeśli ciężko pracuje i stara się na egzaminach, kiedy moja wiara, dobroć, miłość i sprawiedliwość znalazły uznanie w oczach Bożych, pobłogosławił mnie tak, że mogłem występować i świadczyć o Jego mocy.

Po próbie, On otworzył drzwi, poprzez które miałem wypełnić światową misję. Bóg działał, aby dziesiątki tysięcy, setki tysięcy a nawet miliony ludzi mogło skorzystać dzięki misjom, jakie prowadziłem. Był ze mną w swojej mocy, która przekracza granice czasu i przestrzeni.

Duchowe światło, jakim Bóg nas otacza jest bardziej lśniące i piękniejsze niż jakiekolwiek drogocenne kamienie czy klejnoty tego świata. Bóg uważa swoje dzieci, które otacza światłem za naczynia piękniejsze niż klejnoty.

Dlatego, modlę się, aby każdy z was szybko doświadczył uświęcenia oraz stał się naczyniem, które lśni odpornym na próby światłem duchowym oraz jest piękniejsze niż klejnoty tak, abyście otrzymali o cokolwiek prosicie i prowadzili błogosławione życie w imieniu Jezusa Chrystusa.

Przesłanie 4
Światło

1 Jan 1,5

*Nowina, którą usłyszeliśmy od Niego
i którą wam głosimy, jest taka:
Bóg jest światłością,
a nie ma w Nim żadnej ciemności*

Istnieje wiele rodzajów światła i każde z nich stanowi swoją własną cudowną umiejętność. Ponad wszystko, oświeca ciemność, daje ciepło oraz zabija bakterie i grzyby. Dzięki światłu, rośliny utrzymują się przy życiu poprzez fotosyntezę. Jednakże, są światła, które widzimy gołym okiem i możemy dotknąć, ale są również takie, których nie możemy zobaczyć ani dotknąć. Tak jak fizyczne światło ma swoje właściwości, duchowe światło ma niezliczoną ilość właściwości i możliwości. Kiedy światło świeci w nocy, ciemność zostaję natychmiast usunięta.

Tak samo, kiedy duchowe światło świeci w twoim życiu, duchowa ciemność zostaje usunięta, kiedy chodzimy w Bożej miłości i łasce. Ponieważ duchowa ciemność stanowi korzenie chorób oraz problemów w domu, pracy, w związkach międzyludzkich, nie jesteśmy w stanie doznać komfortu. Jednakże, kiedy duchowa światłość lśni w naszym życiu, problemy, które wydają się przekraczać ludzką wiedzę i umiejętności mogą zostać rozwiązane, a nasze pragnienia spełnią się.

Światło duchowe

Czym jest światłość duchowe i jak działa? W drugiej części wersetu 1 Jana 1,5 czytamy, że: "Bóg jest światłością, a nie ma w Nim żadnej ciemności", a w Jan 1,1: „Na początku było Słowo, a Słowo było u Boga, i Bogiem było Słowo". Podsumowując, światłość odnosi się nie tylko do Boga, ale również do Jego słowa, które jest prawdą, dobrocią i miłością. Przed stworzeniem wszystkich rzeczy, Bóg istniał samotnie w próżni wszechświata i nie przybrał żadnej formy. Jako jedność światłości i dźwięku, Bóg zatrzymał cały wszechświat. Piękne, wspaniałe i piękne światło otaczało cały wszechświat i ze światła pochodził elegancki, czysty i dźwięczny głos.

Bóg, który istniał jako światłość i dźwięk opracował plan kultywowania człowieka, aby znaleźć prawdziwe dzieci Boże. Przybrał właściwy kształt, oddzielił istoty Trójcy i na swoje podobieństwo stworzył człowieka. Jednakże, istotą

Boga jest nadal światłość oraz dźwięk, dlatego nadal działa poprzez światłość i dźwięk. Mimo, iż obecnie ma formę człowieka, w niniejszej formie jest światłość i dźwięk Jego nieskończonej mocy.

Oprócz mocy Bożej, istnieją inne elementy prawdy, łącznie z miłością i dobrocią zawartymi w światłości duchowej. 66 ksiąg Biblii stanowi zbiór prawdy duchowego światła, które zostały przełożone na dźwięk. Innymi słowy, światło odnosi się do wszelkich przykazań i wersetów w Biblii dotyczących dobroci, sprawiedliwości oraz miłości, jak na przykład: „Kochajcie się nawzajem", „Bez ustanku się módlcie", „Pamiętajcie o dniu sabatu", „Przestrzegajcie przykazań" i wiele innych.

Należy chodzić w światłości, aby spotkać Boga

Podczas gdy Bóg rządzi światem światła, wróg diabeł rządzi światem ciemności. Co więcej, ponieważ szatan sprzeciwia się Bogu, ludzie żyjący w świecie ciemności nie mogą spotkać Boga. Dlatego, aby spotkać Boga, musisz rozwiązać swoje problemy życiowe, wyjść ze świata ciemności i zamieszkać w świecie światłości.

W Biblii znajdujemy wiele nakazów „Czyń w taki a taki sposób", jak na przykład „Kochajcie się nawzajem", „służcie sobie nawzajem", "módlcie się", „bądźcie wdzięczni", „zachowujcie przykazania" itp. Są też zakazy, aby nie czynić tego czy tamtego, jak na przykład „nie kłam", „nie odczuwaj nienawiści", „nie szukaj swego", „nie bądź bałwochwalcą", „nie kradnij", „nie zazdrość", "nie plotkuj" itp. Są również nakazy, abyśmy odrzucili pewne rzeczy, jak na przykład „odrzuć wszelkie zło", „odrzuć zazdrość i chciwość", itp.

Z jednej strony, przestrzeganie niniejszych przykazań Bożych jest życiem w świetle, upodobnianiem się do Pana i Boga Ojca. Z drugiej strony, jeśli nie czynisz tak, jak nakazuje ci Bóg, jeśli nie zachowujesz Jego słowa, jeśli robisz to, czego On nie chce, abyś robił, i jeśli nie odrzucisz tego, co On pragnie, abyś odrzucił, nadal będziesz żyć w ciemności. Dlatego, pamiętając, że nieposłuszeństwo wobec Boga oznacza życie w świecie ciemności rządzonym przez szatana, musimy żyć zgodnie z Jego słowem i chodzić w światłości.

Nasza relacja z Bogiem, kiedy chodzimy w światłości

Pierwsza część wersetu 1 Jana 1,7 mówi nam: „Jeżeli zaś chodzimy w światłości, tak jak On sam trwa w światłości, wtedy mamy jedni z drugimi współuczestnictwo". Jedynie kiedy chodzimy w światłości, możemy być we wspólnocie z Bogiem.

Tak jak między ojcem a dziećmi istnieje wspólnota, tak my musimy żyć we wspólnocie z Bogiem, Ojcem naszych duch. Jednakże, aby ustanowić i zachować wspólnotę z Bogiem, musimy spełnić jeden wymóg, odrzucić grzech i chodzić w światłości. Dlatego: „Jeżeli mówimy, że mamy z Nim współuczestnictwo, a chodzimy w ciemności, kłamiemy i nie postępujemy zgodnie z prawdą" (1 Jana 1,6).

Wspólnota nie jest jednostronna. Tylko dlatego, że znamy kogoś, nie oznacza to, że mamy z tą osobą wspólnotę. Jedynie wtedy, kiedy dwie osoby stają się sobie bliskie, ufają sobie, polegają na sobie i rozmawiają ze sobą, może między nimi zaistnieć wspólnota. Na przykład, większość was wie, kim jest prezydent lub król waszego kraju. Bez względu na to, jak dużo o nim wiecie, jeśli on nie zna was, nie ma możliwości, żeby zaistniała wspólnota między wami a nim. Co więcej, nawet w ramach samej wspólnoty może wystąpić wiele różnych poziomów. Dwie osoby mogą być znajomymi, możecie być odrobinę bliżej siebie wystarczająco, aby zapytać drugiej osoby, jak jej leci, lub też możecie mieć intymną więź, w ramach której dzielicie ze sobą najgłębsze sekrety.

Tak samo sprawa ma się ze wspólnotą z Bogiem. Aby nasza wspólnota z Nim była prawdziwa, Bóg musi nas znać. Jeśli mamy z Nim głęboką więź, nie będziemy chorzy ani słabi. Nie będzie modlitwy, na którą nie otrzymalibyśmy odpowiedzi. Bóg pragnie dać swoim dzieciom to, co najlepsze. W Ks. Powt. Prawa 28 mówi nam, że jeśli w pełni postępujemy zgodnie ze słowem Bożym i zachowujemy Jego przykazania, On będzie nam błogosławił. Będziemy pożyczać innym, ale nie będziemy musieli pożyczać od nikogo, będziemy głową, a nie ogonem.

Ojcowie wiary, którzy mieli prawdziwą wspólnotę z Bogiem

Jakiego rodzaju więź z Bogiem miał Dawid, skoro Bóg określił go mianem: „człowieka po mojej myśli, który we wszystkim wypełni moją wolę" (Dz. Ap. 13,22). Dawid kochał Boga, był bogobojny i w pełni na Nim polegał. Kiedy uciekał przed Saulem lub szedł na wojnę, Dawid traktował Boga jak rodzica i pytał Go o zdanie: „Czy powinienem iść? Gdzie powinienem się udać?". Następnie czynił tak, jak powiedział mu Bóg. Ponadto, Bóg zawsze dawał Dawidowi delikatne i szczegółowe odpowiedzi. Dawid czynił zgodnie z wolą Bożą I osiągał zwycięstwo (2 Sam. 5,19-25).

Dawid cieszył się wspaniałą relacją z Bogiem, ponieważ dzięki swojej wierze przynosił Bogu radość. Na przykład, za czasów panowania Saula, filistyńczycy najechali na Izrael.

Prowadził ich Goliat, który prześladował plemiona izraelskie i bluźnił Bogu. Nikt nie odważył się stawić mu czoła. Dawid był wtedy jeszcze bardzo młody, postawił się Goliatowi zupełnie nieuzbrojony – miał kilka gładkich kamieni z rzeki i procę, ponieważ wierzył we wszechmocnego Boga i wiedział, że tak walka należy do Niego (1 Sam. 17). Bóg zadziałał tak, że kamień rzucony przez Dawida trafił prosto w czoło Goliata. Goliat zginął, a zwycięstwo było po stornie Izraela.

Dzięki swojej wierze, Dawid został uznany przez Boga za „człowieka po mojej myśli, który we wszystkim wypełni moją wolę", i tak jak ojciec i syn, którzy mają ze sobą bliską więź, tak Dawidowi udało się osiągnąć z Bogiem wszystko, co było Jego wolą.

Biblia mówi nam, że Bóg rozmawiał z Mojżeszem twarzą w twarz. Na przykład, Mojżesz odważnie poprosił Boga, aby pokazał mu swoją twarz, a Bóg chętnie czynił wszystko, o co prosił Mojżesz (Ks. Wyjścia 33,18). W jaki sposób Mojżeszowi udało się wykształtować tak bliską więź z Bogiem?

Krótko po tym, jak Mojżesz wyprowadził Izraelitów z Egiptu, pościł się i rozmawiał z Bogiem przez 40 dni na Górze Synaj. Kiedy powrót Mojżesz opóźniał się, Izraelici zrobili sobie bożka. Kiedy Bóg to zobaczył, powiedział Mojżeszowi, że zniszczy Izraelitów, a z Mojżesz uczyni wielki naród (Ks. Wyjścia 32,10).

Mojżesz błagał Boga: „Czemu to mają mówić Egipcjanie: W złym zamiarze wyprowadził ich, chcąc ich wygubić w górach i wygładzić z powierzchni ziemi? Odwróć zapalczywość Twego gniewu i zaniechaj zła, jakie chcesz zesłać na Twój lud" (Ks. Wyjścia 32,12). Następnego dnia znów prosił Boga: "I poszedł Mojżesz do Pana, i powiedział: Oto niestety lud ten dopuścił się wielkiego grzechu, gdyż uczynił sobie boga ze złota. Przebacz jednak im ten grzech! A jeśli nie, to wymaż mię natychmiast z Twej księgi, którą napisałeś" (Ks. Wyjścia 32,31-32). Jakże szczera i niezwykła modlitwa!

Ponadto, w Ks. Liczb 12,3 czytamy: "Mojżesz zaś był człowiekiem bardzo skromnym, najskromniejszym ze wszystkich ludzi, jacy żyli na ziemi". A w Ks. Liczb 12,7: „Lecz nie tak jest ze sługą moim, Mojżeszem. Uznany jest za wiernego w całym moim domu". Dzięki wielkiej miłości i wspaniałości serca, Mojżesz był wierny swojemu ludowi i cieszył się cudowną więzią z Bogiem.

Błogosławieństwa dla ludzi, którzy chodzą w światłości

Jezus, który przeszedł na ten świat jako światłość świata, nauczał prawdy i ewangelii nieba. Ludzie, działający na rzecz ciemności, którzy należą do szatana nie potrafią zrozumieć światła, nawet kiedy zostanie im wyjaśnione. Nie potrafią przyjąć światła ani zbawienia, lecz podążają ścieżką zniszczenia.

Ludzi o dobrym sercu patrzą na swoje grzechy, żałują i sięgają po zbawienia poprzez światło prawdy. Postępując zgodnie z Duchem Świętym chodzą w światłości każdego dnia. Brak mądrości lub umiejętności nie jest już w ich przypadku problemem. Będą mieć więź z Bogiem, który jest światłością, a Duch Święty będzie ich prowadził. Będzie się im powodzić i otrzymają mądrość z nieba. Nawet jeśli w ich życiu pojawią się problemy, dzięki obecności Ducha Świętego będą w stanie je rozwiązać, ponieważ On ich poprowadzi.

1 Kor. 3,18: „Niechaj się nikt nie łudzi. Jeśli ktoś spośród was mniema, że jest mądry na tym świecie, niech się stanie głupim, by posiadł mądrość". Musimy sobie uświadomić, że mądrość tego świata jest głupstwem w oczach Bożych.

W Jak. 3,17 czytamy: "Mądrość zaś /zstępująca/ z góry jest przede wszystkim czysta, dalej, skłonna do zgody, ustępliwa, posłuszna, pełna miłosierdzia i dobrych owoców, wolna od względów ludzkich i obłudy". Kiedy zostajemy uświęceni i chodzimy w światłości, otrzymamy mądrość z nieba. Kiedy chodzimy w światłości, osiągniemy taki poziom, że będziemy szczęśliwi nawet wtedy, kiedy czegoś będzie nam brakować, a nie będziemy takich braków nawet odczuwać.

Apostoł Paweł mówi nam w Fil. 4,11: „Nie mówię tego bynajmniej z powodu niedostatku: ja bowiem nauczyłem się wystarczać sobie w warunkach, w jakich jestem". Tak samo, jeśli chodzimy w światłości, mamy pokój Boży, dzięki któremu pokój i radość będą w nas rozkwitać. Ludzie, którzy mają pokój z innymi nie kłócą się ani nie wypowiadają wrogich słów. Zamiast tego, ponieważ miłość i łaska są w ich sercu, wdzięczność będzie wypływać z ich ust.

Co więcej, jeśli chodzimy w światłości i jesteśmy podobni do Boga, tak jak mówi nam w 3 Jana 1,2: „Umiłowany, życzę ci wszelkiej pomyślności i zdrowia, podobnie jak doznaje powodzenia twoja dusza", otrzymamy z pewnością błogosławieństwa, władzę, umiejętności oraz moc od Boga, który jest światłem.

Po tym, jak Paweł spotkał Pana i zaczął chodzić w światłości, Bóg dał mu możliwość manifestowania mocy. Paweł był apostołem pogan. Mimo iż Szczepan i Filip nie byli prorokami ani apostołami, Bóg również w nich działał. W Dz. Ap. 6,8 czytamy: „Szczepan pełen łaski i mocy działał cuda i znaki wielkie wśród ludu". W Dz. Ap. 8,6-7 czytamy również: "Tłumy słuchały z uwagą i skupieniem słów Filipa, ponieważ widziały znaki, które czynił. Z wielu bowiem opętanych wychodziły z donośnym krzykiem duchy nieczyste, wielu też sparaliżowanych i chromych zostało uzdrowionych".

Człowiek jest w stanie manifestować Bożą moc, jeśli jest uświęcony i chodzi w światłości, upodabniają się do Boga. Na tej ziemi żyło zaledwie kilku ludzi, którzy manifestowali Bożą moc. Wśród tych, którzy tak czynili, ogrom mocy różnił się, zgodnie z tym, na ile dana osoba była podobna do Boga, który jest światłością.

Czy żyję w światłości?

Aby otrzymać wspaniałe błogosławieństwa jako osoba, która chodzi w światłości, musimy zadać sobie pytanie: "Czy żyję w światłości?".

Nawet jeśli nie masz konkretnego problemu, powinieneś sprawdzić, czy prowadzisz „letnie" życie w Chrystusie lub też czy nie byłeś prowadzony przez Ducha Świętego. Jeśli tak, musisz obudzić się ze swojej duchowej drzemki.

Jeśli odrzuciłeś cześć zła i grzechu, nie powinno cię to zadowalać. Tak jak dziecko dojrzewa i staje się osobą dorosłą, również musisz osiągnąć poziom wiary ojców.

Musisz mieć więź z Bogiem oraz nawiązać z Nim głęboką komunikację. Jeśli dążysz w kierunku uświęcenia, musisz odnaleźć wszelkie pozostałości zła i wykorzenić je. Im więcej masz władze i kontroli, tym bardziej powinieneś starać się o innych. Kiedy inne osoby, nawet te które pełnią niższe stanowiska, wytkną ci coś złego, musisz być w stanie sobie z tym poradzić. Zamiast odczuwać niechęć lub dyskomfort, odsuwając się od ludzi i czyniąc zło, w miłości i dobroci musisz być w stanie tolerować takie osoby i nadal się o nie troszczyć. Nie powinieneś nikogo lekceważyć ani chować urazy. Nie możesz innymi gardzić ani naruszać pokoju.

Okazywałem więcej miłości młodym, biednym i słabszym ludziom. Tak, jak rodzice, którzy bardziej troszczą się o swoje słabsze i chore dziecko, usilniej modliłem się o ludzi w trudnych sytuacjach, nie lekceważąc ich, lecz służąc im z głębi serca. Ci, którzy chodzą w światłości muszą mieć współczucie nawet dla tych, którzy postępują źle, oraz być w stanie im wybaczać, ukrywać ich winy, zamiast je obnażać.

Nawet wykonując pracę dla Boga, nie możesz uwydatniać swoich zalet lub osiągnięć, a zauważać wysiłki innych, z którymi pracujemy. Kiedy ich wysiłki zostaną zauważone, sam będziesz czuć się szczęśliwszy i radośniejszy.

Czy potrafisz sobie wyobrazić, jak bardzo Bóg kocha tych, których charaktery podobne są do Jego charakteru? Tak, jak chodził z Enochem przez 300 lat, Bóg chodzi ze swoimi dziećmi, które upodabniają się do Niego. Ponadto, da im nie tylko błogosławieństwo zdrowia i pomyślności, ale również swoją moc, dzięki której będzie ich używał jako swoje cenne naczynia.

Dlatego, nawet jeśli myślisz, że masz wiarę i miłość Bożą, upewnij się, ile tej wiary i miłości Bóg rzeczywiście u ciebie rozpozna. Chodź w światłości, aby twoje życie opływało w dowody miłości oraz więzi z Bogiem, w imieniu Pana Jezusa Chrystusa, modlę się.

Przesłanie 5
Moc światła

1 Jan 1,5

*Nowina, którą usłyszeliśmy od Niego
i którą wam głosimy, jest taka:
Bóg jest światłością,
a nie ma w Nim żadnej ciemności*

W Biblii jest wiele przykładów, w których ludzie otrzymują zbawienie, uzdrowienia oraz odpowiedzi na modlitwy poprzez niesamowite działanie Bożej mocy manifestowane przez Jego syna Jezusa. Kiedy Jezus nakazał, chorzy byli natychmiast uzdrawiani, dolegliwości były usuwane, a wątłe ciała wzmocnione.

Niewidomi mogli widzieć, niemi zaczynali mówić, a głusi słyszeć. Uzdrowiony został człowiek z uschłą ręką, chromy zaczął chodzić, a paralitycy otrzymywali uzdrowienie. Co więcej, złe duchy były wypędzane, a martwi byli z martwych wzbudzani.

Niniejsze niezwykłe działania mocy Bożej manifestowane były nie tylko przez Jezusa, ale również proroków w Starym Testamencie oraz apostołów w Nowym Testamencie. Oczywiście tego, co czynił Jezus nie można porównać z tym, co robili prorocy czy apostołowie. Niemniej jednak, Bóg dał ludziom podobnym do Jezusa moc i używał ich jako swoje naczynia. Bóg, który jest światłością, manifestował swoją moc dzięki diakonom, takim jak Szczepan czy Filip, ponieważ osiągnęli uświęcenie, chodząc w światłości i upodabniając się do Pana.

Apostoł Paweł zamanifestował wielką moc tak, że został nawet uznany za Boga

Wśród wszystkich postaci w Nowym Testamencie, manifestowanie mocy Bożej przez apostoła Pawła było prawie tak niezwykłe, jak manifestowanie mocy Bożej przez Jezusa. Głosił ewangelię poganom, którzy nie znali Boga, oraz poselstwo władze, któremu towarzyszyły znaki i cuda. Dzięki takiej mocy Paweł mógł świadczyć o Bogu i boskości Jezusa.

Ze względu na to, że bałwochwalstwo oraz czary szerzyły się w tamtym czasie, musiało być sporo ludzi, którzy oszukiwali innych. Głoszenie ewangelii takim ludziom wymagało manifestowania mocy Bożej, która przekraczała moc fałszywych czarów oraz działania diabła (Rzym. 15,18-19).

W Dz. Ap. 14 opisana jest historia apostoła Pawła, głoszącego ewangelię w regionie Listry. Na słowo Pawła sparaliżowany przez całe życie mężczyzna stanął na swoich nogach i zaczął chodzić (Dz. Ap. 14,10). Kiedy ludzie to zobaczyli, wyznali: "Bogowie przybrali postać ludzi i zstąpili do nas!" (Dz. Ap. 14,11). W 28 rozdziale Dziejów Apostolskich opisana jest scena, kiedy apostoł Paweł przybył na Maltę, po tym, jak rozbił się jego statek. Kiedy zebrał trochę drewna i wrzucił je do ognia, żmija – wystraszona przez ciepło ognia - ukąsiła go w rękę. Kiedy mieszkańcy wyspy zobaczyli to, spodziewali się, że ręka natychmiast spuchnie, a Paweł umrze. Jednak kiedy nic się nie stało, uznali, że Paweł jest bogiem (w.6).

Ponieważ apostoł Paweł miał dobre serce w oczach Boga, manifestował działanie Jego mocy tak, że ludzie uważali go nawet za Boga.

Moc Boga, który jest światłością

Taka moc zostaje przekazana człowiekowi, nie dlatego że jej pragnie. Otrzymują ją ludzie, którzy upodabniają swoje charaktery do Bożego oraz uświęcają się. Nawet dzisiaj, Bóg szuka ludzi, którym mógłby dać swoją moc, aby użyć ich jako swoje naczynia chwały. Dlatego w Mar. 16,20 czytamy: "Oni zaś poszli i głosili Ewangelię wszędzie, a Pan współdziałał z nimi i potwierdził naukę znakami, które jej towarzyszyły". Natomiast Jan 4,48 mówi: „Jeżeli znaków i cudów nie zobaczycie, nie uwierzycie".

Prowadzenie ludzi do zbawienia wymaga mocy z nieba, dzięki której występują znaki i cuda, świadczące o żywym Bogu. W okresie panowania grzechu i zła, znaki i cuda są wymagane.

Kiedy chodzimy w światłości i stajemy się jedno z Ojcem, możemy manifestować moc, jaką manifestował Jezus. Ponieważ nasz Pan obiecał: „Zaprawdę, zaprawdę, powiadam wam: Kto we Mnie wierzy, będzie także dokonywał tych dzieł, których Ja dokonuję, owszem, i większe od tych uczyni, bo Ja idę do Ojca" (Jan 14,12).

Jeśli ktoś manifestuje taką moc, jaka możliwa jest tylko dzięki Bogu, zostaje on uznany przez Boga. W Ps. 62,12 czytamy: „ Bóg raz powiedział, dwa razy to słyszałem: Bóg jest potężny". Szatan nie jest w stanie manifestować mocy, jaka należy do Boga. Oczywiście, są duchowe istoty, które posiadają wyższą moc, aby oszukiwać ludzi i odciągać ich od Boga. Jednakże jeden czynnik pozostaje pewny, nikt nie jest w stanie imitować mocy Bożej, dzięki której On kontroluje życie, śmierć, błogosławieństwa, przekleństwa, historię ludzkości oraz stwarza coś z niczego. Taka moc należy do Boga, który jest światłem i może być manifestowana jedynie przez tych, którzy są uświęcenie oraz osiągnęli miarę wiary Jezusa.

Różnice między mocą, władzą i umiejętnościami Bożymi

Wielu ludzi uważa władzę oraz umiejętności Boga za tę samą rzecz. Podobnie w kwestii umiejętności i mocy. Jednakże, między niniejszymi trzema elementami istnieje znacząca różnica.

„Umiejętność" jest mocą wiary, dzięki której pewne rzeczy, niemożliwe dla człowieka, są możliwe dla Boga.

„Władza" jest uroczystą, szacowną i majestatyczną mocą, którą ustanowił Bóg. W świecie duchowym bezgrzeszność jest mocą.

Innymi słowy, władza jest uświęcaniem samego siebie, a uświęcone dzieci Boże, które odrzuciły grzech oraz fałsz, mogą otrzymać duchową władzę.

Czy w takim razie jest „moc"? Odnosi się ona do umiejętności oraz władzy Boga, które przekazuje tym, którzy unikają zła i uświęcają się.

Na przykład, jeśli kierowca potrafi prowadzić samochód, wtedy policjant ruchu ma władzę, aby go zatrzymać. Taka władza – aby zatrzymać pojazd – została przekazana policjantowi przez rząd. Dlatego, mimo iż kierowca ma umiejętność prowadzenia pojazdu, ponieważ nie ma takiej władzy jak policjant, kiedy policjant go zatrzymuje, kierowca musi się zatrzymać.

W ten sposób, władza i umiejętność różnią się od siebie, a kiedy władza i umiejętność łączą się – to właśnie jest moc. W Mat. 10,1 czytamy: „Wtedy przywołał do siebie dwunastu swoich uczniów i udzielił im władzy nad duchami nieczystymi, aby je wypędzali i leczyli wszystkie choroby i wszelkie słabości". Moc łączy w sobie władzę, aby wypędzać demony oraz umiejętność, aby uzdrawiać choroby i dolegliwości.

Różnica między darem uzdrawiania a mocą

Ci, którzy nie znają mocy Boga, który jest światłością często porównują ją z darem uzdrawiania. Dar uzdrawiania w 1 Kor. 12,9 odnosi się do wypalania chorób zakaźnych. Nie może uleczyć głuchoty ani niemości, które spowodowane są degeneracją części ciała lub śmiercią komórek nerwowych. Takie przypadki chorób czy dolegliwości mogą być uleczone jedynie dzięki mocy Bożej oraz dzięki modlitwie wiary. Co więcej, podczas gdy moc Boża manifestowana jest zawsze, dar uzdrawiania nie zawsze musi działać.

Z jednej strony, Bóg daje dar uzdrawiania tym, którzy kochają innych i modlą się za nich oraz tym, których Bóg uważa za swoje naczynia. Jednakże, jeśli dar uzdrawiania nie jest używany na chwałę Bożą dla własnych korzyści, Bóg w końcu go odbierze.

Z drugiej strony, moc Boża ofiarowana jest tym, którzy są uświęceni. Kiedy zostaje komuś ofiarowana, nie słabnie, ponieważ Bóg wie, że dana osoba nigdy nie użyje jej dla własnej korzyści. Im bardziej ktoś jest podobny do Jezusa, tym wyższy poziom mocy Bóg może mu ofiarować. Jeśli charakter i zachowania danej osoby zostaje zmienione na podobieństwo Jezusa, człowiek ten może manifestować dzieło Boże dzięki Jego mocy tak samo, jak czynił to Jezus. Istnieją różnice pod względem tego, jak manifestuje się moc Boża. Dar uzdrawiania nie może wzbudzić z martwych lub uleczyć rzadkie choroby. W przypadku osób, które mają słabą wiarę, trudno jest otrzymać uzdrowienie. Jednakże, dzięki mocy Boga, który jest światłością, nie ma nic niemożliwego. Kiedy pacjent ma choćby małą wiarę, uzdrowienie dzięki mocy Bożej może nastąpić natychmiast. Wiara odnosi się tutaj do wiary duchowej, dzięki której ktoś wierzy z głębi serca.

Cztery poziomy mocy Boga, który jest światłością

Dzięki Jezusowi, który był taki sam wczoraj i dziś, każdy kto uznany jest za naczynie w oczach Boga będzie manifestował Jego moc.

Istnieje wiele różnych poziomów manifestowania Bożej mocy. Im bliżej jesteś Boga, tym wyższy poziom mocy zostanie ci ofiarowany. Ludzie, których duchowe oczy są otwarte mogą dostrzegać wiele różnych poziomów światła

"Płakałem w dzień i w nocy
Było mi przykro, kiedy ludzie patrzyli na mnie
jak na człowieka chorego na AIDS"

Bóg uzdrowił mnie swoją mocą
I przywrócił mojej rodzinie radość
Jestem taki szczęśliwy!

Esteban Juninka z Hondurasu, uzdrowiony z AIDS

zgodnie z poziomem mocy Bożej. Ludzie mogą manifestować cztery poziomy mocy Bożej.

Pierwszy poziom mocy jest manifestacją Bożej mocy poprzez czerwone światło, które niszczy poprzez ogień Ducha Świętego

Ogień Ducha Świętego pojawiający się na pierwszym poziomie mocy, który manifestuje się w postaci czerwonego światła pali oraz leczy choroby, powodowane przez bakterie i wirusy. Choroby takie jak nowotwór, choroba płuc, cukrzyca, białaczka, choroba nerek, artretyzm, problemy z sercem czy AIDS mogą być dzięki niemu uzdrowione. Nie oznacza to jednak, że wszystkie wymienione choroby mogą zostać uzdrowione dzięki pierwszemu poziomowi mocy. W przypadku osób, które przeszły już granicę życia, jaką Bóg im wyznaczył, jak na przykład w sytuacji zaawansowanego stadium raka lub choroby płuc, pierwszy poziom mocy nie pomoże.

Odnowa partii ciała, które zostały uszkodzone lub nie potrafią prawidłowo funkcjonować wymaga większej mocy, która nie tylko uzdrowi, ale również odbuduje daną partię

"Zobaczyłem światłość
Po czternastu latach wyszedłem z tunelu...
już się poddałam,
lecz dzięki mocy Bożej na nowo odzyskałam moje życie!"

Shama Masaz z Pakistanu,
z której po 14 latach wypędzony został demon

ciała. Nawet w takim przypadku, stopień wiary pacjenta oraz jego rodziny określi poziom, na jakim Bóg zamanifestuje swoją moc. Od czasu założenia kościoła Manmin, Bóg wielokrotnie manifestował pierwszy poziom mocy. Kiedy ludzie słuchają Jego słowa i inni się za nimi modlą, choroby zostają uleczone. Kiedy ludzie chwytają mnie za rękę lub za krawędź ubrania, otrzymują modlitwę wypowiadaną przeze mnie osobiście lub przez telefon, lub kiedy modlę się, mając fotografię danej osoby, wielokrotnie miały miejsce przypadki manifestowania się Bożej mocy uzdrowienia.

Działanie pierwszego poziomu mocy nie jest ograniczone do zniszczenia w ogniu Ducha Świętego. Kiedy ktoś modli się w wierze i zostaje zainspirowany oraz wypełniony Duchem Świętym, może manifestować wielką moc Bożą. Jednak jest to tylko chwilowe – nie jest dowodem trwałego otrzymania mocy Bożej, i ma miejsce tylko wtedy, kiedy On tego chce.

Drugi poziom manifestowania się mocy Bożej odbywa się za pomocą niebieskiego światła

W Malachiaszu 3,20 czytamy: „A dla was, czczących moje imię, wzejdzie słońce sprawiedliwości i uzdrowienie w jego skrzydłach. Wyjdziecie [swobodnie] i będziecie podskakiwać jak tuczone cielęta". Ludzie, którzy mają otwarte oczy duchowe są w stanie zobaczyć promienie światła, które dają uzdrowienie.

Drugi poziom mocy odpędza ciemność i uwalnia ludzi opętanych przez demony, kontrolowanych przez szatana i zdominowanych przez różne złe duchy. Choroby umysłowe przyniesione na ten świat dzięki mocy ciemności, łącznie z autyzmem, załamaniami nerwowymi oraz innymi mogą zostać uleczone dzięki drugiemu poziomowi mocy.

Takich chorób można uniknąć, jeśli zawsze się radujemy i jesteśmy wdzięczni. Jeśli nie jesteś radosny ani wdzięczny, a zamiast tego nienawidzisz ludzi, gromadzisz złe emocje, myślisz negatywnie, gniewasz się, stajesz się podatny na takie choroby. Kiedy siły szatana, które wzmagają złe myśli u ludzi, zostają odrzucone, choroby umysłowe naturalne zostają uzdrowione.

Od czasu do czasu dzięki drugiemu poziomowi wiary uzdrawiane są choroby i dolegliwości, które zostały ściągnięte na ludzi dzięki mocy szatana. Dolegliwości odnoszą się tutaj to degeneracji i paraliżu części ciała, jak w przypadku niemych, głuchych, kalekich, ślepych, sparaliżowanych od urodzenia itp.

W 9 rozdziale Marka czytamy opis sceny, w której Jezus wypędził „głuchego i niemego demona" z chłopca (w. 25). Chłopiec był głuchy, ponieważ były w nim złe duchy. Kiedy Jezus wypędził demony, chłopiec został uzdrowiony.

Tak samo, kiedy źródłem choroby jest moc ciemności, łącznie z demonami, złe duchy muszą zostać wypędzone, aby pacjent mógł zostać uzdrowiony. Jeśli ktoś ma problemy z układem trawiennym czy załamaniami nerwowymi, powód zakorzeniony jest w szatana. W przypadku paraliżu czy artretyzmu, również ma miejsce działanie mocy ciemności. Czasami, mimo, że diagnoza medyczna nie podaje powodu ani nic nie wskazuje na to, że fizycznie dzieje się coś niedobrego, ludzie cierpią z bólu w różnych miejscach. Kiedy modlę się za ludzi, którzy cierpią w taki sposób, ludzie, których oczy duchowe są otwarte mogą widzieć siłę ciemności w kształcie zwierzęcia, opuszczającą ciało pacjenta.

Oprócz sił ciemności w postaci chorób i dolegliwości, drugi poziom mocy Boga może wypędził siły ciemności z

*"O, Boże
O Boże
Jak to możliwe?
Jak to możliwe, że mogę chodzić?"*

Starsza kobieta, która odzyskała sprawność w nogach dzięki modlitwie zza kazalnicy

domu, pracy czy firmy. Kiedy osoba, która może manifestować drugi poziom mocy Bożej odwiedzi osoby cierpiące z powodu prześladowań w ich domu lub z powodu problemów w pracy, kiedy ciemność zostaje wypędzona, a światłość oświeca ludzi, otrzymują oni błogosławieństwa zgodnie z ich uczynkami.

Wzbudzanie z martwych lub zakończenie czyjegoś życia zgodnie z wolą Bożą jest działaniem mocy na drugim poziomie. Przykłady są następujące: Paweł wzbudzający z martwych Eutychusa (Dz. Ap. 20, 9-12); oszukanie Piotra przez Ananiasza i Safirę oraz ich przekleństwo, które spowodowało natychmiastową śmierć (Dz. AP. 5,1-11); Przekleństwo dzieci przez Eliasza, które również wywołało natychmiastową śmierć (2 Król. 2,23-24).

Są jednakże pewne fundamentalne różnice w działaniu Jezusa oraz apostołów Pawła i Piotra oraz proroka Eliasza. W końcu Bóg jako Pan wszystkich duchów musiał zgodzić się, czy ktoś może żyć czy nie. A skoro Bóg i Jezus są jednym, czego pragnął Jezus, tego samego pragnął Bóg. Dlatego Jezus mógł przywracać życie umarłym swoim słowem (Jan 11,43-44), podczas gdy inni prorocy i apostołowie musieli pytać Boga o zgodę, aby wzbudzić

"Sama nie miałam ochoty patrzeć już na moje okropne ciało…

Kiedy byłam sama, On mnie szukał. Wyciągnął do mnie rękę i przyciągnął do siebie…

Dzięki Jego miłości i oddaniu, Otrzymałam nowe życie. Czy jest coś, czego nie zrobię dla mojego Pana?"

Starsza diakonka Eundeuk Kim, uleczona z oparzeń 3-go stopnia na całym ciele

kogoś z martwych.

Trzeci poziom mocy jest manifestacją Bożej mocy przez kolor biały oraz bezbarwne światło; towarzyszą mu znaki i dzieła stworzenia

Na trzecim poziomie mocy Boga, który jest światłem, manifestowane są wszelkie znaki i dzieła stworzenia. Znaki odnoszą się do uzdrowień, poprzez które niewidomi zaczynają widzieć, niemi - mówić, a głusi - słyszeć. Kalecy zaczynają chodzić, krótsze kończyny zostają wydłużone, a paraliż zostaje w pełni wyleczony. Zdeformowane lub zdegenerowane części ciała zostają odnowione. Złamane kości zrastają się, stwarzane są nowe kości, rosną języki, a ścięgna zrastają się. Ponadto, ponieważ światło pierwszego, drugiego i trzeciego poziomu mocy manifestowane są równocześnie, na poziomie trzecim żadne choroby ani dolegliwości nie stanowią problemu.

Nawet jeśli ktoś jest oparzony na całym ciele, a jego komórki i mięśnie są spalone, lub nawet jeśli jego ciało zostało oparzone gorącą wodą, Bóg może stworzyć wszystko od nowa. Ponieważ Bóg może stworzyć coś z niczego, może naprawić nie tylko maszyny, ale również ludzkie ciało.

W Kościele Manmin dzięki modlitwom organy wewnętrzne, które do tej pory nie funkcjonowały właściwie lub były uszkodzone, zostały odnowione. Uszkodzone płuca zostają uzdrowione, nerki i wątroby, które zostały przeszczepione zaczynają funkcjonować jak normalne narządy. Na trzecim poziomie mocy dzieła stworzenia manifestowane są bez ustanku.

Jest jeden czynnik, który należy odróżnić. Z jednej strony, jeśli funkcjonowanie narządu wewnętrznego zostaje odnowione, jest to działaniem pierwszego poziomu mocy Bożej. Z drugiej strony, jeśli odnowiony zostaje organ, w związku którym nie było możliwości, aby został wyleczony, jest to działaniem trzeciego poziomu mocy Bożej, mocy stworzenia.

Czwarty poziom mocy jest manifestacją mocy Bożej poprzez złote światło - jest realizacją mocy

Dzięki mocy manifestowanej przez Jezusa możemy stwierdzić, że czwarty poziom mocy rządzi wszystkim, nawet pogodą oraz martwymi przedmiotami. W Mat. 21,19 Jezus przeklął drzewo figowe: „I drzewo figowe natychmiast uschło". W Mat. 8, 23 opisana jest scena, w której Jezus napomniał wiatr i fale aż wokół zrobił się spokój. Nawet przyroda i martwe przedmioty jak wiatr i morze były posłuszne Jezusowi.

Jezus powiedział Piotrowi, aby wypłynął na głęboką wodę i zapuścił sieci. Kiedy Piotr usłuchał Jezusa, złowił taką ilość ryb, że jego sieć zaczęła się rwać (Łuk. 5,4-6). Innym razem Jezus powiedział Piotrowi: „idź nad jezioro i zarzuć wędkę! Weź pierwszą rybę, którą wyciągniesz, i otwórz jej pyszczek: znajdziesz statera. Weź go i daj im za Mnie i za siebie!" (Mat. 17,24-27).

Ponieważ Bóg stworzył wszystko we wszechświecie swoim słowem, kiedy Jezus rozkazał, wszystko było Mu posłuszne i stało się prawdziwe. Tak samo, kiedy posiądziemy prawdziwą wiarę, będziemy pewni tego, na co mamy nadzieję, a czego nie widzimy (Hebr. 11,1), a moc, która czyni wszystko, zostanie zamanifestowana.

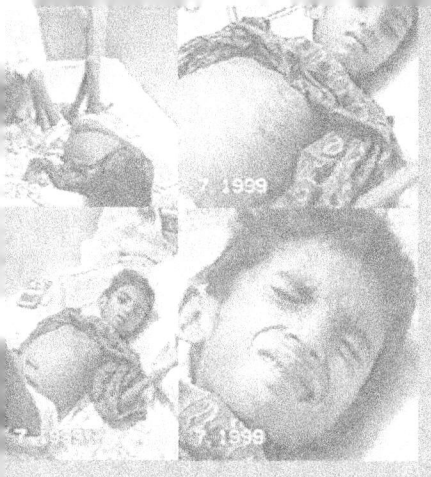

"To takie bolesne...
To takie bolesne, że nie mogę otworzyć oczu...
Nikt nie wiedział, co czuję, jednak Pan wiedział i uzdrowił mnie."

Cynthia z Pakistanu,
uzdrowiona z celiakii i niedrożności

Ponadto, na czwartym poziomie mocy Boga, manifestowane są dzieła, których nie ogranicza czas i przestrzeń

Pośród sytuacji, w których Jezus zamanifestował moc Bożą, kilka było takich, których nie ograniczała nawet czas i przestrzeń. W Mar. 7,24 czytamy o kobiecie, która błagała Jezusa, aby uzdrowił jej córkę opętaną przez demona. Kiedy Jezus zobaczył jej pokorę i wiarę, powiedział: „Przez wzgląd na te słowa idź, zły duch opuścił twoją córkę" (w.29). Kiedy kobieta wróciła do domu, jej córka leżała na łóżku, a demon ją opuścił.

Mimo, iż Jezus nie odwiedzał wszystkich chorych osobiście, kiedy widział wiarę u chorej osoby, uzdrawiał bez względu na czas i miejsce.

Chodząc po wodzie, Jezus pokazał moc, co również świadczy o tym, że wszystko jest w zasięgu Jego władzy.

Co więcej, Jezus mówi nam w Ew. Jana 14,12: "Zaprawdę, zaprawdę, powiadam wam: Kto we Mnie wierzy, będzie także dokonywał tych dzieł, których Ja dokonuję, owszem, i większe od tych uczyni, bo Ja idę do Ojca". Jak zapewnia, prawdziwie zadziwiające dzieła mocy

Bożej są manifestowane również dzisiaj w Kościele Manmin. Przykładem mogą być cuda związane ze zmianą pogody. Kiedy się modlę, deszcz przestaje padać w mgnieniu oka, ciemne chmury odpływają, a nieskazitelnie czyste niebo w kilku chwilach zapełnia się chmurami. Były również przypadki, kiedy martwe przedmioty były posłuszne po moich modlitwach. Nawet w sytuacji zagrożenia życia zatruciem dwutlenkiem węgla, minutę lub dwie po moim nakazie, osoba nieprzytomna ocknęła się i nie miała żadnych skutków ubocznych. Kiedy modliłem się o osobę cierpiącą z powodu oparzenia trzeciego stopnia, ból zniknął i nie czuła już oparzeń.

Ponadto, działanie mocy Bożej, na które czas i przestrzeń nie mają żadnego wpływu, ma miejsce w jeszcze większym i wspanialszym zakresie. W przypadku Cynthii, córki starszego Wilsona Jan Gila, pastora kościoła Manmin w Pakistanie było to szczególnie zauważalne. Kiedy modliłem się za Cynthię, patrząc na jej fotografię w Seulu, w Korei, dziewczyna, co do której lekarze stracili wszelkie nadzieje, odzyskała siły, mimo iż modliłem się za nią tysiące mil dalej.

Moc na czwartym poziomie uzdrawiam choroby, wypędza siły ciemności, manifestuje znaki i cuda, sprawia, że wszystko jest posłuszne - połączone działanie pierwszego, drugiego, trzeciego i czwartego poziomu mocy manifestuje się.

Najwyższa Moc Stworzenia

Biblia opisuje moc Jezusa, która przekracza czwarty poziom mocy. Taki poziom mocy, Najwyższa Moc, należy jedynie do Stwórcy. Taka moc objawia się nie na takim samym poziomie, na jaki ludzie mogą objawiać moc Bożą. Zamiast tego, pochodzi ona z oryginalnego światła, które świeciło już wtedy, kiedy istniał jedynie Bóg. W Jan 11 Jezus rozkazał Łazarzowi, który był martwy przez cztery dni i którego ciało już śmierdziało: „Łazarzu, wyjdź". Na rozkaz Jezusa martwy człowiek wyszedł z grobu, jego ręce i dłonie owinięte były prześcieradłami, a jego twarz była zakryta (w. 43-44).

Kiedy człowiek odrzuca wszelkie zło, staje się uświęcony, może być podobny do Boga i zmienia się, wejdzie do królestwa duchowego. Im więcej dowiaduje się o duchowym królestwie, tym większe będzie objawienie mocy Bożej będzie miało miejsce.

W tym czasie, osiąga poziom mocy, która może objawić się jedynie dzięki Bogu, która jest najsilniejszą mocą stworzenia. Wtedy człowiekowi udaje się to osiągnąć taki poziom mocy – mocy, która może objawić się jedynie dzięki Bogu – najwyższej mocy stworzenia. Kiedy człowiek w pełni osiąga taki poziom, jak wtedy, kiedy Bóg stworzył wszystko we wszechświecie swoim słowem, będzie objawiać wspaniałe dzieła stworzenia.

Na przykład, kiedy rozkaże niewidomemu: „Otwórz oczy", oczy niewidomego natychmiast się otworzą. Kiedy rozkaże niememu: „Mów", niemy zacznie natychmiast mówić. Kiedy rozkaże kalece: „Wstań", kaleka natychmiast wstanie i zacznie chodzić. Kiedy rozkaże, rany i uszkodzone części ciała zostaną odnowione.

Można to osiągnąć jedynie dzięki światłości i głosowi Boga, który istniał jako światłość i głos przed rozpoczęciem czasu. Kiedy nieskończona moc stworzenia w światłości zostaje przekazana głosem, światłość działa, a działanie mocy objawia się. W taki sposób ludzie, którzy przeszli granicę życia, jaką ustanowił Bóg, oraz choroby i dolegliwości, które nie mogły być uleczone pierwszym, drugim, ani trzecim poziomem mocy, mogły zostać uleczone.

Otrzymując moc Boga, który jest światłością

W jaki sposób możemy upodobnić swój charakter do charakteru Boga, który jest światłością i prowadzić wielu ludzi drogą zbawienia?

Po pierwsze, musimy nie tylko unikać zła i uświęcić się, ale również osiągnąć dobro w naszym sercu oraz pragnąć najwyższego dobra

Jeśli nie objawiasz żadnych znaków złych lub dyskomfortu w stosunku do jakiejś osoby, która sprawiła, że twoje życie jest ciężkie lub zraniła cię, czy można byłoby powiedzieć, że osiągnąłeś dobro w swoim sercu? Nie, to nie tak. Nawet jeśli nie ma poczucia dyskomfortu, które potrzebujesz znieść, w oczach Bożych, jest to dopiero pierwszy krok w kierunku dobra.

Kiedy osiągniesz wyższy poziom dobra, będziesz gotowy mówić i zachowywać się w taki sposób, aby poruszyć osobę, która wyrządziła ci krzywdę lub zraniła cię. Najwyższe dobro, które przynosi Bogu zadowolenie polega na tym, że człowiek jest w swoje oddać swoje życie na rzecz swojego wroga.

Jezus był w stanie przebaczyć ludziom, którzy Go ukrzyżowali i to właśnie między innymi za nich oddał swoje życie, ponieważ ma w sobie najwyższe dobro. Zarówno Mojżesz, jak i apostoł Paweł byli gotowi oddać swoje życie za ludzi, którzy próbowali ich zabić.

Kiedy Bóg chciał unicestwić lud izraelski, który oddawał się bałwochwalstwu, narzekał i chował urazę w stosunku do Boga, mimo iż doświadczył tak wspaniałych znaków i cudów, jak odpowiedział Mojżesz? Błagał Boga: „Przebacz jednak im ten grzech! A jeśli nie, to wymaż mię natychmiast z Twej księgi, którą napisałeś" (Ks. Wyjścia 32,32). Apostoł Paweł postąpił tak samo. W Rzym. 9,3 wyznał: "Wolałbym bowiem sam być pod klątwą [odłączony] od Chrystusa dla [zbawienia] braci moich, którzy według ciała są moimi rodakami". Paweł osiągnął najwyższe dobro, a wielkie dzieła mocy Bożej zawsze mu towarzyszyły.

Po drugie, musimy osiągnąć miłość duchową

W dzisiejszych czasach miłość znacznie straciła na zile. Mimo, iż wielu ludzi powtarza słowa „Kocham Cię", widzimy, że w większości przypadków jest to miłość cielesna, która się zmienia. Miłość Boża jest miłością duchową, która trwa z dnia na dzień i szczegółowo została opisana w 1 Liście do Koryntian 13.

Po pierwsze „miłość jest cierpliwa i miłość jest dobrotliwa. Nie zazdrości". Nasz Pan przebacza nam nasze winy i grzechy oraz otwiera nam drogę zbawienia cierpliwie czekając nawet na tych, którzy nie zasługują na przebaczenie. Nawet mimo iż wyznajemy naszą wiarę do Pana, czy łatwo wychodzą nasze winy i grzechy w kontaktach z innymi ludźmi? Czy łatwo osądzamy i potępiamy innych, kiedy coś lub ktoś nie są po naszej myśli? Czy kiedykolwiek zazdrościliśmy komuś, komu życie układa się lepiej lub byliśmy przez to rozczarowani?

Następnie, „miłość nie szuka poklasku, nie unosi się pychą" (w.5). Nawet jeśli może się wydawać, że wywyższamy Pana, jeśli w głębi serca chcemy uznania innych, jeśli wywyższamy się, lekceważymy lub zwracamy uwagę innym, to jest przechwalanie się i pycha.

Ponadto „nie dopuszcza się bezwstydu, nie szuka swego, nie unosi się gniewem, nie pamięta złego" (w.5). Nasze niegrzeczne zachowanie w stosunku do Boga i ludzi, gniewne serca i zmienne umysły, nasze wysiłki, aby przewyższyć innych, nasze złe emocje, tendencja do negatywnego myślenia z pewnością nie stanowią o miłości.

Co więcej, miłość „nie cieszy się z niesprawiedliwości, lecz współweseli się z prawdą" (w.6). Jeśli mamy miłość, musimy zawsze chodzić w prawdzie i radować się nią. Jak napisano w 3 Jana 1,4: „Nie znam większej radości nad tę, kiedy słyszę, że dzieci moje postępują zgodnie z prawdą", prawda ma być źródłem radości i szczęścia.

W końcu, miłość „Wszystko znosi, wszystkiemu wierzy, we wszystkim pokłada nadzieję, wszystko przetrzyma" (w.7). Ci, którzy prawdziwie kochają Pana poznają Jego wolę i wierzą we wszystko. Oczekują i wierzą w powtórne przyjście Jezusa, zmartwychwstanie wierzących, nagrody w niebie - mając na to nadzieję, są w stanie wytrwać w trudnościach i wypełnić Jego wolę.

Aby okazywać dowody swojej miłości do ludzi, którzy są posłuszni prawdzie, postępując w dobroci i miłości w stosunku do innych, jak zapisano w Biblii, Bóg, który jest światłością daje nam swoją moc jako dar. Pragnie spotkać się z nami i odpowiedzieć na modlitwy tych, którzy pragną chodzić w światłości.

Dlatego, modlę się, abyś odkrył swoje serce i odnowił je, pragnął otrzymać Boże błogosławieństwa i odpowiedzi na modlitwy, przygotował się jako Jego naczynie i doświadczył mocy Boga w imieniu Jezusa Chrystusa.

Przesłanie 6
Oczy ślepych otworzą się

Jan 9,32-33

*Od wieków nie słyszano,
aby ktoś otworzył oczy niewidomemu od urodzenia.
Gdyby ten człowiek nie był od Boga,
nie mógłby nic czynić*

W Dz. AP. 2,22 Piotr, uczeń Jezusa, po otrzymaniu Ducha Świętego przemawiał do Żydów, cytując słowa proroka Joela: „Jezusa Nazarejczyka, Męża, którego posłannictwo Bóg potwierdził wam niezwykłymi czynami, cudami i znakami, jakich Bóg przez Niego dokonał wśród was, o czym sami wiecie". Objawienia mocy Jezusa, znaki i cuda były dowodami, świadczącymi, że Jezus ukrzyżowany przez Żydów był Mesjaszem, którego przyjście zostało przepowiedziane w Starym Testamencie.

Co więcej, Piotr również objawiał moc Bożą po otrzymaniu Ducha Świętego. Uzdrowił kalekiego żebraka (Dz. Ap. 3,8), a ludzie przyprowadzali do niego chorych i kładli ich na ulicy, aby przynajmniej cień przechodzącego Piotra mógł na nich paść (Dz. Ap. 5,15).

Ponieważ moc jest świadectwem Bożej obecności przy osobie, która objawia moc oraz sposobem zasadzenia ziarna wiary w sercach niewierzących, Bóg dał moc, tym, których uważa za godnych.

Jezus uzdrowił człowieka, który narodził się ślepym

Historia zapisana w 9 rozdziale Jana ukazuje spotkanie Jezusa z człowiekiem, który urodził się ślepy. Uczniowie Jezusa chcieli wiedzieć, dlaczego człowiek ten nie mógł widzieć od urodzenia: „Rabbi, kto zgrzeszył, że się urodził niewidomym - on czy jego rodzice?" (w.2). W odpowiedzi Jezus wyjaśnił im, że człowiek ten urodził się ślepy, aby moc Boża objawiła się w jego życiu (w.3). Potem splunął na ziemię, zrobił błoto ze śliny, nałożył na oczy człowieka i kazał mu obmyć się w sadzawce Siloam (w.6-7). Człowiek ten natychmiast usłuchał Jezusa i poszedł do sadzawki, obmył swoje oczy i natychmiast przejrzał.

Mimo, iż w Biblii opisanych jest wiele osób uzdrowionych przez Jezusa, jest między nimi a mężczyzną ślepym od urodzenia jedna różnica. Mężczyzna nie prosił Jezusa o uzdrowienie; zamiast tego, Jezus przyszedł do niego i uzdrowił go.

Dlaczego mężczyzna ten doświadczył tak obfitej łaski?

Po pierwsze, człowiek ten był posłuszny

Dla zwykłej osoby, nic z tego co uczynił Jezus – splunięcie na ziemię, przygotowanie błota, nałożenie go na oczy ślepca oraz nakazanie mu, aby obmył się w sadzawce – nie ma sensu. Zdrowy rozsądek nie pozwala takiej osobie uwierzyć, że oczy niewidomego mogły otworzyć się dzięki nałożeniu na nie błota i opłukaniu ich wodą. Ponadto, jeśli ktoś usłyszałby taki rozkaz nie wiedząc, kim był Jezus, nie tylko nie uwierzyłby, ale również zdenerwowałby się. A jednak tak nie stało się w tym przypadku. Kiedy Jezus nakazał mu się obmyć, mężczyzna usłuchał i obmył oczy w sadzawce. Natychmiast jego oczy otwarły się po raz pierwszy i mężczyzna zaczął wiedzieć.

Jeśli uważasz, że Słowo Boże jest sprzeczne ze zdrowym rozsądkiem lub doświadczeniem, spróbuj być posłusznym Jego słowu w pokorze serca tak, jak człowiek, który urodził się ślepy. Wtedy dzięki łasce Bożej, tak jak otwarły się oczy ślepca, tak samo ty doświadczysz cudów.

Po drugie, otwarły się wewnętrzne oczy duchowe tego człowieka, aby rozróżniał prawdę od fałszu

Z rozmowy uzdrowionego z Żydami, możemy powiedzieć, że podczas, gdy oczy cielesne niewidomego były zamknięte, w dobroci serca potrafił odróżnić dobro od zła. Natomiast, Żydzi byli niewidomi w sensie duchowym i zamknięci w kajdanach prawa. Kiedy Żydzi zapytali o szczegóły uzdrowienia, mężczyzna odważnie ogłosił: „Człowiek zwany Jezusem uczynił błoto, pomazał moje oczy i rzekł do mnie: Idź do sadzawki Siloam i obmyj się. Poszedłem więc, obmyłem się i przejrzałem" (w.11).

W niewierze, kiedy Żydzi sprawdzali człowieka, który był niewidomy, człowiek ten rzekł: "To prorok" (w.17), kiedy zapytali go: „A ty, co o Nim myślisz w związku z tym, że ci otworzył oczy?". Człowiek ten uważał, że skoro Jezus miał dość mocy, aby uzdrawiać ślepotę, musiał być człowiekiem od Boga. Na ironię, Żydzi odrzekli: „Daj chwałę Bogu. My wiemy, że człowiek ten jest grzesznikiem" (w. 24).

Jakże nielogiczne jest ich stwierdzenie? Bóg nie odpowiada na modlitwę grzesznika. Ani nie daje grzesznikowi mocy, aby otworzył oczy niewidomego i otrzymał chwałę. Mimo, iż Żydzi nie mogli w to uwierzyć ani tego zrozumieć, mężczyzna niegdyś niewidomy wydawał odważne i prawdziwe świadectwo: „Wiemy, że Bóg grzeszników nie wysłuchuje, natomiast Bóg wysłuchuje każdego, kto jest czcicielem Boga i pełni Jego wolę. Od wieków nie słyszano, aby ktoś otworzył oczy niewidomemu od urodzenia. Gdyby ten człowiek nie był od Boga, nie mógłby nic czynić" (w.31-33).

Ponieważ od czasu stworzenie nie otworzyły się żadne oczy człowieka niewidomego, każdy kto usłyszał tego człowieka cieszył się i radował wraz z nim. Natomiast wśród Żydów pojawiło się osądzanie, potępienie oraz wrogość. Ponieważ Żydzi byli duchowymi ignorantami, uważali, że działanie mocy Bożej było raczej aktem sprzeciwiania się mu. Biblia mówi nam jednak, że tylko Bóg może otworzyć oczy ślepym.

W Ps. 146,8 czytamy: „Pan przywraca wzrok niewidomym, Pan podnosi pochylonych, Pan miłuje sprawiedliwych", a w Iż. 29,18: „W ów dzień głusi usłyszą słowa księgi, a oczy niewidomych, wolne od mroku i od ciemności, będą widzieć". Iz. 35,5 mówi nam: „Wtedy przejrzą oczy niewidomych i uszy głuchych się otworzą".

„Tego dnia" oraz "wtedy" odnoszą się do czasu, kiedy Jezus przyszedł i otworzył oczy ślepym.

Pomimo niniejszych fragmentów, w swojej złości i poprzez swoje ograniczenia, Żydzi nie mogli uwierzyć w działanie Boga, które objawiało się przez Jezusa, a zamiast tego oskarżyli Go, że jest grzesznikiem, który przestępuje prawo Boże. Mimo, iż człowiek niewidomy nie posiadał wielkiej wiedzy na temat prawa, znał prawdę i wiedział, że Bóg nie wysłuchuje grzeszników. Człowiek ten wiedział również, że uzdrowienie ślepoty było możliwe jedynie z ręki Boga.

Po trzecie, po otrzymaniu Bożej łaski, człowiek niewidomy od urodzenia przyszedł do Pana i zaczął prowadzić zupełnie nowe życie

Do tego dnia, w Kościele Manmin doświadczyłem niezliczonych przykładów, w których ludzie na skraju śmierci otrzymywali siłę i odpowiedzi na różne rodzaje problemów życiowych. Szkoda mi jednak osób, które nawet po otrzymaniu Bożej łaski, porzucają swoją wiarę i oddają się życiu w tym świecie. Kiedy żyją w bólu i cierpieniu,

Jennifer Rodríguez z Filipin, niewidoma od urodzenia, w wieku ośmiu lat odzyskała wzrok

wtedy zaczynają modlić się ze łzami: „Oddam swoje życiu Bogu, jeśli zostanę uzdrowiony". Kiedy otrzymują uzdrowienie i błogosławieństwa, w pogoni za własnymi pragnieniami porzucają łaskę i odchodzą od prawdy. Nawet kiedy ich problemy fizyczne rozwiążą się, nie ma to znaczenie, ponieważ ich dusza odchodzi od drogi zbawienia i zaczynają kroczyć drogą do piekła.

Człowiek, który urodził się niewidomy miał dobre serce, które nie porzuciłoby łaski. Dlatego, kiedy spotkał Jezusa, został nie tylko uzdrowiony, ale również otrzymał pewność zbawienia. Kiedy Jezus zapytał go: „Czy wierzysz w Syna Człowieczego?", mężczyzna odrzekł: "Kim On jest Panie, że mam w niego wierzyć?" (w. 35-36). Kiedy Jezus odpowiedział: „Jest Nim Ten, którego widzisz i który mówi do ciebie. On zaś odpowiedział: Wierzę, Panie! i oddał Mu pokłon" (w.37-38). Mężczyzna nie tylko uwierzył, ale również przyjął Jezusa jako Chrystusa. Było to jego wyznaniem i chciał podążać tylko za Panem oraz oddać Mu swoje życie.

Bóg pragnie, abyśmy wszyscy przyszli do niego z takim sercem. Chce, abyśmy szukali go, nie tylko dlatego, że nas uzdrawia i błogosławi. Pragnie, abyśmy zrozumieli Jego

"Moje serce przyprowadziło mnie tutaj...

Pragnę jedynie łaski

*Bóg dał mi wspaniały prezent.
Jestem szczęśliwa, że mogę widzieć, jednak to,
że spotkałam żywego Boga daje mi jeszcze
więcej radości!"*

Maria z Hondurasu,
która straciła wzrok w prawym oku, kiedy miała dwa latka,
odzyskała wzrok dzięki modlitwie doktora Jaerocka Lee

miłość, więc oddał swojego jedynego Syna dla nas i abyśmy przyjęli Go jako naszego Zbawiciela. Ponadto, powinniśmy kochać Go nie tylko naszym ustami, ale również naszymi działaniami. W 1 Jana 5,3 czytamy: „albowiem miłość względem Boga polega na spełnianiu Jego przykazań, a przykazania Jego nie są ciężkie". Jeśli naprawdę kochamy Boga, musimy odciąć wszelkie zło i chodzić każdego dnia w światłości.

Kiedy prosimy Boga o cokolwiek z wiarą i miłością, jakże mógłby nie odpowiedzieć na nasze prośby? W mat. 7,11 Jezus obiecał: "Jeśli więc wy, choć źli jesteście, umiecie dawać dobre dary swoim dzieciom, o ileż bardziej Ojciec wasz, który jest w niebie, da to, co dobre, tym, którzy Go proszą". Musimy uwierzyć, że nasz Ojciec Bóg odpowie na modlitwy swoich ukochanych dzieci.

Dlatego, nie ma znaczenie, z jaką chorobą czy problemem przychodzimy do Niego. Dzięki wyznaniu: „Panie, wierzę", płynącemu z głębi serca, kiedy okazujemy uczynki wiary, Pan, który uzdrowił niewidomego, uzdrowi wszelkie inne choroby, zmieni niemożliwe w możliwe i rozwiąże wszelkie twoje problem życiowe.

"Lekarze powiedzieli mi, że wkrótce stracę wzrok... wszystko widziałem jak za mgłą...

Dziękuję Ci Panie, że dałeś mi światło...

Czekałam na Ciebie..."

Ricardo Morales z Hondurasu, które prawie stracił wzrok po wypadku, jednak odzyskał go całkowicie dzięki modlitwie

Otwieranie oczy ślepych w Kościele Manmin

Od chwili założenia kościoła w 1982 roku, kościół Manmin wielce uwielbiał Boga i doświadczał działania Jego mocy, ponieważ otwierane były oczy ślepych. Wielu ludzi odzyskało wzrok oraz doświadczyło poprawy wzroku dzięki modlitwom. Ludzie ci złożyli wspaniałe świadectwa – poniżej znajduje się kilka przykładów.

Kiedy prowadziłem misję w Hondurasie w lipcu 2002 roku, spotkałem 12-letnią dziewczynkę o imieniu Maria, która straciła wzrok w prawym oku z powodu poważnej grypy, którą miała w wieku dwóch latek. Jej rodzice próbowali na różne sposoby, aby dziewczynka odzyskała wzrok, jednak nawet przeszczep rogówki nie przyniósł oczekiwanego rezultatu – Maria nie widziała nawet błysku światła w swoim prawym oku.

Wtedy w 2002 roku ze szczerym pragnieniem doświadczenie łaski Bożej, Maria wzięła udział w misji, podczas której modliłem się za nią. Maria zaczęła widzieć światło, a w końcu zupełnie odzyskała wzrok. Narwy w jej prawym oku, które zupełnie obumarły, zostały odnowione dzięki mocy Bożej. Jakże to niesamowite? Wielu ludzi w Hondurasie świętowało i wykrzykiwało: „Bóg jest żywy i działa każdego dnia!".

Pastor Ricardo Morales prawie stracił wzrok, jednak został uzdrowiony dzięki słodkiej wodzie Muan. Siedem lat przed misją w Hondurasie pastor Ricardo miał wypadek samochodowy i siatkówka jego oka została mocno uszkodzona. Pastor cierpiał z powodu poważnych krwotoków. Lekarze powiedzieli mu, że będzie stopniowo tracił wzrok, a w końcu stanie się zupełnie niewidomy. Jednak pierwszego dnia konferencji dla przywódców kościelnych w Hondurasie doświadczył zupełnego uzdrowienia. Po wysłuchaniu słowa Bożego, w wierze pastor Ricardo nałożył na oczy słodką wodę Muan i ku swojemu zaskoczeniu z każdą minutą obserwowane przedmioty stawały się wyraźniejsze. Na początku, ponieważ nie spodziewał się tego, co się stało, nie mógł w to uwierzyć. Tego wieczoru pastor założył okulary i wziął udział w pierwszym spotkaniu misyjnym. Wtedy nagle szkła jego okularów wypadły, a pastor usłyszał głos Ducha Świętego: „Jeśli teraz nie zdejmiesz okularów, zostaniesz niewidomym". Pastor zdjął okulary i uświadomił sobie, że wszystko widzi wyraźnie. Jego wzrok został odnowiony, a pastor Ricardo z serca uwielbiał Boga.

W Kościele Manmin w Nairobi w Kenii młody mężczyzna o imieniu Kombo odwiedził swoje rodzinne miasto, które było oddalone o około 400 km od kościoła. W czasie Jego wizyty głosił ewangelię swojej rodzinie i opowiadał im o wspaniałym działaniu mocy Bożej w Kościele Manmin w Seulu. Modlił się za nimi oraz pokazał im kalendarz wydrukowany przez kościół.

Kiedy niewidoma babcia Kombo usłyszała głoszoną przez niego ewangelię, trzymając kalendarz, pomyślała sobie: „Chciałabym też zobaczyć zdjęcie doktora Jaerocka Lee". To, co stało się wtedy było prawdziwym cudem. Kiedy babcia Kombo rozłożyła kalendarz, jej oczy otwarły się i zobaczyła zdjęcie. Alleluja! Rodzina KOmbo doświadczyła działania mocy, która otwiera oczy ślepych i uwierzyła w żyjącego Boga. Co więcej, kiedy wiadomości o tym wydarzeniu rozeszły się w miasteczku, ludzie prosiły, aby została u nich założona filia kościoła.

Dzięki niezliczonym dziełom mocy Boga na całym

świecie, zostało już założonych tysiące filii kościoła Manmin na całym świecie, a ewangelia świętości głoszona jest po krańce ziemi. Kiedy uznajesz i wierzysz w działanie mocy Bożej, również doświadczysz Jego błogosławieństw.

Tak, jak miało to miejsce w czasach Jezusa, zamiast uwielbiać i chwalić Boga, wielu ludzi sądzi, potępia i przemawia przeciwko Duchowi Świętemu. Musimy uświadomić sobie, że jest to okropny grzech, jak powiedział Jezus w Mat. 12,31-32: „Dlatego powiadam wam: Każdy grzech i bluźnierstwo będą odpuszczone ludziom, ale bluźnierstwo przeciwko Duchowi nie będzie odpuszczone. Jeśli ktoś powie słowo przeciw Synowi Człowieczemu, będzie mu odpuszczone, lecz jeśli powie przeciw Duchowi Świętemu, nie będzie mu odpuszczone ani w tym wieku, ani w przyszłym".

Aby nie sprzeciwiać się działaniu Ducha Świętego, lecz doświadczać wspaniałego działania mocy Bożej, musimy uznać oraz pragnąć Jego działania tak, jak człowiek niewidomy w 9 rozdziale Ewangelii Jana. Ludzie muszę przygotować się jako naczynia dla Boga, aby otrzymać odpowiedzi na modlitwy dzięki wierze, wtedy doświadczą działania Bożej mocy.

W Ps. 18, 25-26 czytamy: „Pan mię nagradza za moją sprawiedliwość, za czystość rąk przed Jego oczyma. Ty jesteś miłościwy dla miłościwego i względem nienagannego działasz nienagannie". W imieniu Jezusa Chrystusa modlę się, aby każdy z was, wierząc Boga, który nagradza zgodnie z uczynkami wiary, stał się dziedzicem Jego błogosławieństw.

Przesłanie 7
Ludzie wstaną i zaczną chodzić

Mar. 2,3-12

Wtem przyszli do Niego z paralitykiem, którego niosło czterech.
Nie mogąc z powodu tłumu przynieść go do Niego, odkryli dach nad miejscem, gdzie Jezus się znajdował, i przez otwór spuścili łoże, na którym leżał paralityk. Jezus, widząc ich wiarę, rzekł do paralityka:
Synu, odpuszczają ci się twoje grzechy.
A siedziało tam kilku uczonych w Piśmie, którzy myśleli w sercach swoich:
Czemu On tak mówi? On bluźni. Któż może odpuszczać grzechy, prócz jednego Boga?
Jezus poznał zaraz w swym duchu, że tak myślą, i rzekł do nich:
Czemu nurtują te myśli w waszych sercach? Cóż jest łatwiej:
powiedzieć do paralityka: Odpuszczają ci się twoje grzechy, czy też powiedzieć:
Wstań, weź swoje łoże i chodź? Otóż, żebyście wiedzieli, iż Syn Człowieczy ma na ziemi władzę odpuszczania grzechów - rzekł do paralityka:
Mówię ci: Wstań, weź swoje łoże i idź do domu!
On wstał, wziął zaraz swoje łoże i wyszedł na oczach wszystkich.
Zdumieli się wszyscy i wielbili Boga mówiąc:
Jeszcze nigdy nie widzieliśmy czegoś podobnego

Biblia mówi nam, że w czasach Jezusa, wielu sparaliżowanych oraz kalekich otrzymało uzdrowienia oraz wielce uwielbiło Boga. Jak Bóg obiecał w Iz. 35,6: „Wtedy chromy wyskoczy jak jeleń i język niemych wesoło krzyknie. Bo trysną zdroje wód na pustyni i strumienie na stepie", oraz w Iz. 49,8: „Tak mówi Pan: Gdy nadejdzie czas mej łaski, wysłucham cię, w dniu zbawienia przyjdę ci z pomocą. A ukształtowałem cię i ustanowiłem przymierzem dla ludu, aby odnowić kraj, aby rozdzielić spustoszone dziedzictwa". Bóg nie tylko odpowie na nasze modlitwy, ale również poprowadzi nas do zbawienia.

Są to wyraźne świadectwa w Kościele Manmin, gdzie dzięki cudownej mocy Bożej wielu ludzi zaczyna chodzić, wstawać z wózków inwalidzkich oraz odrzuca swoje kule.

Jaki rodzaj wiary zaprowadził paralityka opisanego w Ewangelii Marka 2 do Jezusa tak, że otrzymał zbawienie i błogosławieństwo w postaci odpowiedzi na modlitwę? Modlę się, aby ci z was, którzy obecnie nie mogą chodzić z powodu jakiejś choroby, wstali, zaczęli chodzić i biegać.

Paralityk słyszy nowinę o Jezusie

W Ewangelii Marka 2 szczegółowo opisana jest historia paralityka, który doświadczył uzdrowienia od Jezusa, który przybył do Kafarnaum. Paralityk, który był bardzo biednym człowiekiem, nie był w stanie siadać bez pomocy innych ludzi. Usłyszał jednak nowinę o Jezusie, który otwierał oczy ślepym, przywracał zdolność w nogach chromym, wypędzał demony oraz uzdrawiał ludzi z różnych chorób. Ponieważ człowiek ten miał dobre serce, kiedy usłyszał nowinę o Jezusie, przypomniał sobie o tym wszystkim i również pragnął z całego serca spotkać Jezusa.

Pewnego dnia, paralityk usłyszał, że Jezus ma przybyć do Kafarnaum. Jakże radosny i podekscytowany musiał być, oczekując na spotkanie z Jezusem? Paralityk nie był jednak w stanie poruszyć się o własnych siłach, więc poprosił przyjaciół, aby zanieśli go do Jezusa. Na szczęście, ponieważ jego przyjaciele również słyszeli o Jezusie, zgodzili się mu pomóc.

Paralityk i jego przyjaciele przychodzą do Jezusa

Paralityk i jego przyjaciele przybyli do domu, w który przemawiał Jezus, jednak ponieważ zgromadził się tam duży tłum, nie mogli znaleźć wejścia do pomieszczenia i wejść do środka. Okoliczności nie pozwoliły paralitykowi i jego przyjaciołom dostać się przed oblicze Jezusa. Z pewnością błagali tłum: „Prosimy, przesuńcie się. Jest z nami naprawdę chory człowiek!". Niemniej jednak, dom był pełen ludzi. Gdyby więc brakowało im wiary, wróciliby do domu i nie spotkali Jezusa.

Jednakże, nie poddali się, lecz okazali wielką wiarę. Zastanawiając się, jak mogliby się dostać przed oblicze Jezusa, jako ostatnią szansę uznali wdrapanie się na dach, zrobienie dziury w dachu nad Jezusem i spuszczenie paralityka na noszach prosto przed Jezusa. Mimo, iż byli świadomi, że pewnie będzie trzeba przeprosić właściciela domu i zapłacić za szkody, paralityk i jego przyjaciele było zdesperowani, aby spotkać się z Jezusem i dostąpić uzdrowienia.

Wiara, której towarzyszą uczynki oraz uczynki wiary wystąpią tylko wtedy, kiedy uniżysz się przed Bogiem z pokornym sercem. Czy kiedykolwiek myślałeś lub mówiłeś: „Mimo, iż chcę, mój stan fizyczny nie pozwala mi na to, aby iść do kościoła"? Gdyby paralityk wyznał sto razy: „Panie, wierzę, że wiesz, że nie mogę się z Tobą spotkać, ponieważ jestem sparaliżowany. Wierzę również, że uzdrowisz mnie nawet teraz, kiedy leżę w łóżku", nie napisałoby w Biblii, że wykazał się wielką wiarą.

Bez względu na koszty, paralityk udał się przed Jezusa, aby otrzymać uzdrowienie. Paralityk wierzył i był przekonany, że zostanie uzdrowiony, kiedy spotka się z Jezusem i poprosił przyjaciół, aby zanieśli go do Jezusa. Co więcej, ponieważ jego przyjaciele również mieli wiarę, mogli pomóc mu, przygotowując dziurę w dachu i spuszczając przyjaciela w dół na noszach.

Jeśli naprawdę wierzysz, że możesz być uzdrowiony przez Boga, przyjście do Niego jest dowodem twojej wiary. Dlatego po tym, jak rozebrali dach, spuścili na noszach przyjaciela zaraz przed oblicze Jezusa. W tym czasie, dachy w Izraelu były płaskie, a z boku każdego domu znajdowała się klatka schodowa, która umożliwiała wejście na dach. Co więcej, płytki na dachu można było dość łatwo zdjąć, co umożliwiło paralitykowi zbliżyć się do Jezusa.

Możemy otrzymać odpowiedzi na modlitwy, kiedy rozwiążemy problem grzechu w naszym życiu

W Mar. 2,5 czytamy, że Jezus był zadowolony z uczynku wiary paralityka. Zanim uzdrowił go, powiedział mu: „Synu, przebaczone są grzechy twoje", dlaczego? Ponieważ przebaczenie grzechów musi poprzedzać uzdrowienie.

W Ks. Wyjścia 15,26 Bóg mówi nam: „Jeśli wiernie będziesz słuchał głosu Pana, twego Boga, i będziesz wykonywał to, co jest słuszne w Jego oczach; jeśli będziesz dawał posłuch Jego przykazaniom i strzegł wszystkich Jego praw, to nie ukarzę cię żadną z tych plag, jakie zesłałem na Egipt, bo Ja, Pan jestem twoim uzdrowicielem". Kary zesłane na Egipcjan odnoszą się do chorób znanych człowiekowi. Dlatego, kiedy przestrzegamy przykazań Bożych i żyjemy zgodnie z Jego słowem, Bóg ochroni nas, aby żadne choroby nas nie dotknęły. Ponadto, w Ks. Powt. Prawa 28 Bóg obiecuje nam, że tak długo jak jesteśmy posłuszni Jego słowu, nie dotknie nas żadna choroba. W Ew. Jana 5,14, po uzdrowieniu człowieka chorego od 38 lat Jezus powiedział: „Oto wyzdrowiałeś. Nie grzesz już więcej, aby ci się coś gorszego nie przydarzyło".

Ponieważ choroby spowodowane są grzechem, zanim paralityk został uzdrowiony, otrzymał przebaczenie grzechów. Jednak przyjście do Jezusa nie zawsze gwarantuje przebaczenie. Aby otrzymać uzdrowienie, musimy żałować za nasze grzechy i odwrócić się od nich. Jeśli nadal grzeszysz, musisz zaprzestać; jeśli kłamiesz – nie możesz już kłamać więcej; jeśli odczuwasz nienawiść – musisz wyzbyć się jej zupełnie. Bóg daje przebaczenie jedynie tym, którzy przestrzegają Jego słowa. Co więcej, wyznanie wiary nie daje przebaczenia; kiedy przychodzimy do światłości, krew Pana naturalnie oczyści nas z grzechów (1 Jana 1,7).

Paralityk zaczyna chodzić dzięki mocy Bożej

W 2 rozdziale Ewangelii Marka czytamy, że po tym, jak paralityk otrzymał przebaczenie grzechów, wstał, wziął łoże swoje i zaczął chodzić przed wszystkimi zgromadzonymi ludźmi. Kiedy przyniesiono go do Jezusa, leżał na łożu. Człowiek ten został uzdrowiony oraz jego grzechy zostały przebaczone przez Jezusa. Nauczyciele w Piśmie zamiast radować się z uzdrowienia, kłócili się i narzekali. Kiedy Jezus powiedział paralitykowi: „Synu, przebaczone są grzechy twoje", nauczyciele w Piśmie myśleli sobie: „Czemu On tak mówi? On bluźni. Któż może odpuszczać grzechy, prócz jednego Boga?" (w.7).

A Jezus powiedział im: "Jezus poznał zaraz w swym

duchu, że tak myślą, i rzekł do nich: Czemu nurtują te myśli w waszych sercach? Cóż jest łatwiej: powiedzieć do paralityka: Odpuszczają ci się twoje grzechy, czy też powiedzieć: Wstań, weź swoje łoże i chodź? Otóż, żebyście wiedzieli, iż Syn Człowieczy ma na ziemi władzę odpuszczania grzechów" (w.8-10).

Jezus rozjaśnił im kwestię opatrzności Bożej, mówiąc paralitykowi: "Mówię ci: Wstań, weź swoje łoże i idź do domu!" (w.11). Człowiek ten natychmiast wstał i poszedł. Innymi słowy, mężczyzna, który był sparaliżowany, został uzdrowiony, co oznacza, że zostały przebaczone jego grzechy oraz że Bóg potwierdził każde słowo wypowiedziane przez Jezusa. Jest to również dowodem na to, że wszechmocny Bóg potwierdził to, że Jezus jest Zbawicielem ludzkości.

Przykłady uzdrowień chromych

W Ewangelii Jana 14,11 Jezus mówi: "Wierzcie Mi, że Ja jestem w Ojcu, a Ojciec we Mnie. Jeżeli zaś nie - wierzcie przynajmniej ze względu na same dzieła". Dlatego mamy wierzyć, że Bóg Ojciec i Jezus są jednym, ponieważ paralitykowi, który przyszedł do Jezusa wybaczono jego grzechy, wstał i zaczął chodzić na rozkaz Jezusa.

W kolejnym wersecie czytamy: „Zaprawdę, zaprawdę, powiadam wam: Kto we Mnie wierzy, będzie także dokonywał tych dzieł, których Ja dokonuję, owszem, i większe od tych uczyni, bo Ja idę do Ojca". Ponieważ wierzę w Słowo Boże w 100%, kiedy zostałem powołany na sługę Bożego, pościłem i modliłem się przez wiele dni, aby otrzymać Jego moc. W konsekwencji, świadectwa uzdrowień – których nie była w stanie wyjaśnić współczesna nauka – zalewały kościół Manmin od dnia jego założenia.

Za każdym razem, kiedy kościół doświadczał błogosławieństw, w ramach których przychodzący do kościoła byli uzdrawiani. Dzięki corocznym dwutygodniowym zjazdom misyjnym, które odbywały się od 1993 do 2004 roku oraz Wielkim Misjom, olbrzymia liczba ludzi na całym świecie doświadczyła niezwykłej mocy Bożej.

Wśród niezliczonych przykładów, gdzie ludzi wstawali i zaczynali chodzić, przytaczam zaledwie kilka przykładów.

Człowiek wstaje z wózka inwalidzkiego po 9 latach

Pierwsze świadectwo zostało złożone przez diakona Yoonsupa Kima. W maju 1990 roku spadł z wysokości piątego piętra, gdzie wykonywał prace elektryczne w Taedok Science Town w Korei Południowej. Stało się to zanim Kim zaczął wierzyć w Boga.

Zaraz po upadku został zabrany do szpitala, gdzie leżał w śpiączce przez sześć miesięcy. Po przebudzeniu się ze śpiączki, ból spowodowany ciśnieniem oraz pęknięciem jedenastego i dwunastego kręgu piersiowego oraz przepukliną w okolicy kręgów lędźwiowych był nie do zniesienia. Doktorzy w szpitalu poinformowali Kima, że jego stan był krytyczny. Trafiał do szpitala wiele razy. Jego stan nie zmieniał się, ani nie było żadnych postępów, dlatego Kim otrzymał pierwszy stopień inwalidztwa. Kim musiał nosić wzmocnienie wokół talii, aby podtrzymywało mu kręgosłup. Co więcej, ponieważ nie mógł leżeć, musiał spać na siedząco.

W tym trudnym czasie, Kim usłyszał ewangelię i przyszedł do kościoła Manmin, gdzie rozpoczął swoje życie w Chrystusie. W listopadzie 1998 roku wziął udział w

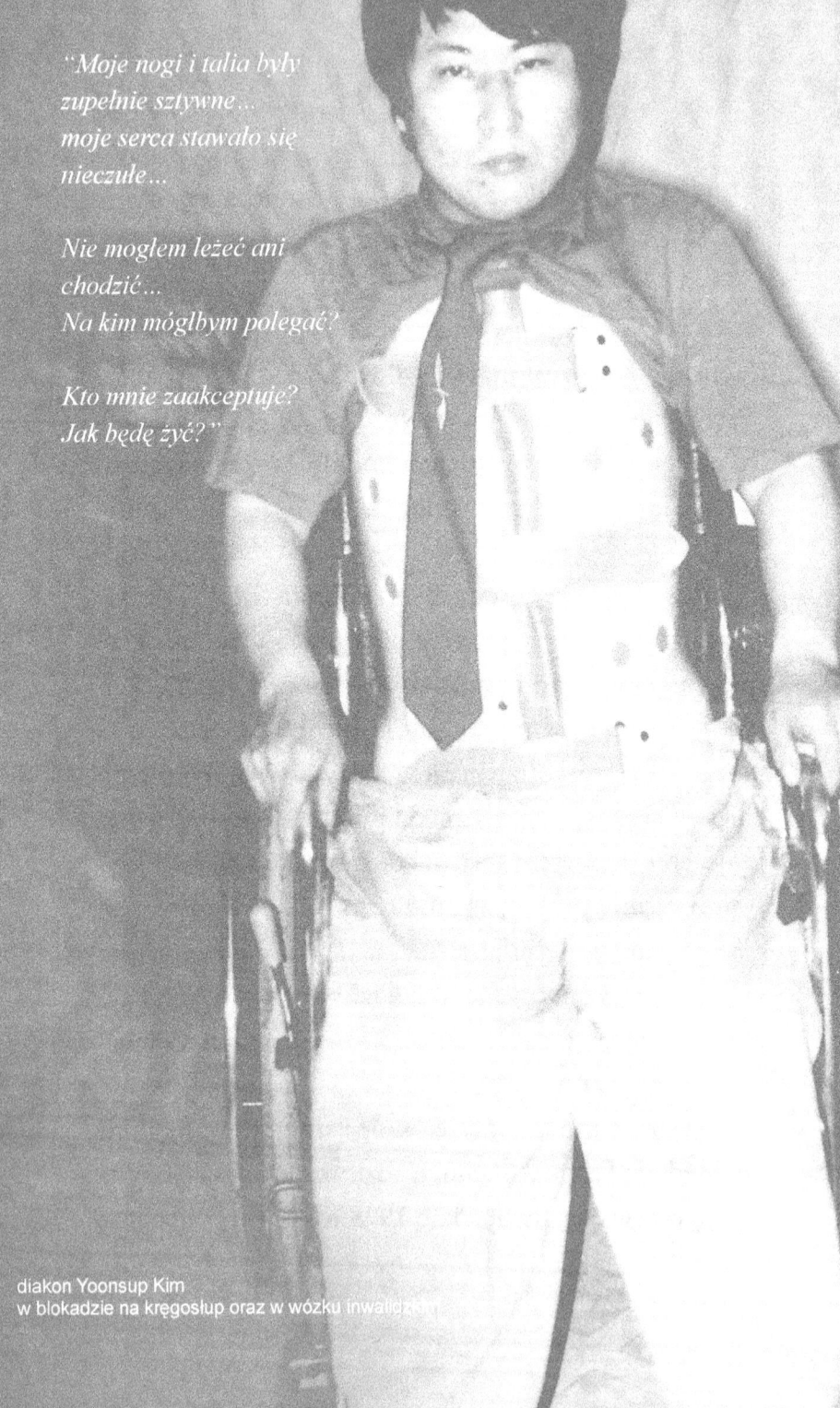

"Moje nogi i talia były
zupełnie sztywne...
moje serca stawało się
nieczułe...

Nie mogłem leżeć ani
chodzić...
Na kim mógłbym polegać?

Kto mnie zaakceptuje?
Jak będę żyć?"

diakon Yoonsup Kim
w blokadzie na kręgosłup oraz w wózku inwalidzkim

diakon Kim cieszy się wraz z innymi członkami kościoła Manmin z uzdrowienia dzięki modlitwie doktora Jaerocka Lee szczególnym nabożeństwie uzdrawiającym, podczas którego doświadczył czegoś niesamowitego. Przed spotkaniem, nie był w stanie leżeć ani korzystać z toalety. Dzięki modlitwie mógł wstać z wózka i zaczął chodzić o kulach.

Aby otrzymać pełne uzdrowienie, Kim wiernie uczęszczał we wszystkich nabożeństwach uwielbieniowych oraz spotkaniach, nigdy też nie przestawał się modlić. Ponadto, przygotowując się na dwutygodniowe spotkanie misyjne w maju 1999 roku, pościł przez 21 dni. Kiedy modliłem się za chorych zza kazalnicy w czasie pierwszej sesji spotkania, Kim poczuł, że oświeca go silny promień światła i zobaczył wizję, w której biegał. W drugim tygodniu spotkań, kiedy położyłem na nim ręce i modliłem się za niego, poczuł, że jego ciało staje się lżejsze. Kiedy ogień Ducha Świętego zstąpił na jego stopy, został obdarowany niesamowitą siłą. Mógł odrzucić kule i wzmocnienie, zaczął chodzić bez trudu i łatwo poruszać się w talii.

Dzięki mocy Boga diakon Kim zaczął chodzić jak inni ludzie. Nawet jeździ na motorze i chętnie służy w kościele. Ponadto, niedawno temu diakon Kim ożenił się i prowadzi szczęśliwe życie.

Człowiek wstał z wózka inwalidzkiego dzięki modlitwie

W Kościele Manmin mają miejsce niezwykłe wydarzenia, podobne do tych zapisanych w Biblii. Dzięki nim Bóg jest uwielbiony. Moc Boża w postaci cudów i znaków manifestuje się dzięki modlitwom na chusteczce. W Dz. Ap. 19,11-12 czytamy: „Bóg czynił też niezwykłe cuda przez ręce Pawła, tak że nawet chusty i przepaski z jego ciała kładziono na chorych, a choroby ustępowały z nich i wychodziły złe duchy". Podobnie, kiedy ludzie biorą chusteczki, na których modliłem się lub jakiekolwiek inne przedmioty, które dotykały mojego ciała i zanoszą je do chorych, mają miejsce cudowne uzdrowienia. W konsekwencji, wiele krajów i ludzi na całym świecie prosi nas o przeprowadzenie misji, podczas których byłyby używane chusteczki. Ponadto, niezliczona ilość ludzi w Afryce, Pakistanie, Indonezji, na Filipinach, w Hondurasie, Japonii, Chinach oraz w Rosji i wielu innych krajach doświadcza cudów.

W kwietniu 2011 roku jeden z pastorów Manmin prowadził misję, w której używane były chusteczki w Indonezji. Wielu ludzi zostało uzdrowionych i uwielbiło Boga. Wśród nich był również były gubernator stanowy, który jeździł na wózku inwalidzkim. Kiedy został uzdrowiony dzięki modlitwie na chusteczce, wiadomość ta szybko trafiła do wiadomości.

W maju 2003 roku inny pastor Manmin prowadził taką samą misję w Chinach, podczas której miało miejsce wiele uzdrowień, między innymi został uzdrowiony człowiek, który od 34 lat chodził o kulach.

Ganesh odrzuca swoje kule podczas Festiwalu Modlitwy i Cudów w Indiach w 2002 roku

W 2002 roku na plaży Marina w Chennai w Indiach, gdzie większość ludzi to hindusi, odbył się Festiwal Modlitw i Cudów. Zgromadziło się ponad 3 miliony ludzi, którzy byli świadkami niesamowitego działania Bożej mocy. Wielu z nich nawróciło się na chrześcijaństwo. Przed misją tempo z jakim zesztywniałe kości oraz komórki nerwowe były leczone było raczej wolne. Jednak wraz z początkiem misji uzdrowienia wzmagały się.

Wśród tych, którzy zostali uzdrowieni był 16-letni chłopiec o imieniu Ganesh, który spadł z roweru i uszkodził sobie miednicę. Trudna sytuacja finansowa uniemożliwiła odpowiednie leczenie. Po roku w kości rozwinął się guz, co

"Już nie czuję nacisku gwoździ na moje ciało i kości!

Wcześnie z powodu bólu nie mogłem nawet chodzić
a teraz mogę chodzić!"

Ganesh zaczął chodzić bez kul dzięki modlitwie doktora Jaerocka Lee

doprowadziło do tego, że części kości musiała zostać usunięta. Lekarze wstawili małą metalową płytkę do jego kości udowej oraz części miednicy i przybili ją dziewięcioma gwoździami. Ból sprawiał, że chłopiec nie mógł chodzić po schodach, a chodząc po płaskim terenie musiał używać kul.

Kiedy usłyszał o misji, Ganesh wziął w niej udział i doświadczył niezwykłego działania Ducha Świętego. Drugiego dnia misji otrzymał modlitwę za chorych, poczuł, że jego ciało rozgrzewa się, jakby ktoś włożył go do gorącej wody i nie czuł już bólu. Natychmiast wszedł an scenę i złożył świadectwo uzdrowienia. Od tamtego czasu nigdy więcej nie odczuwał już bólu, nie musiał używać kul, lecz chodził i biegał swobodnie.

Kobieta wstaje z wózka inwalidzkiego w Dubaju

W kwietniu 2003 roku kiedy byłem w Dubaju w Zjednoczonych Emiratach Arabskich, pewna hinduska wstała ze swojego wózka inwalidzkiego po tym, jak się za nią modliłem. Była inteligentną kobietą, która studiowała na uczelni w Stanach Zjednoczonych. Z powodu

"Mimo, że nie miałam siły, żeby ruszyć nawet jednym palcem Wiedziałam, że zostanę tam uzdrowiona. Moja nadzieja miała sens, Bóg mnie uzdrowił!"

Hinduska kobieta, która wstała z wózka inwalidzkiego i zaczęła chodzić dzięki modlitwie doktora Jaerocka Lee

problemów osobistych, ucierpiała z szoku mentalnego, który był skutkiem wypadku samochodowego oraz późniejszych komplikacji.

Kiedy zobaczyłem tę kobietę po raz pierwszy, nie mogła chodzić, brakowało jej siły do mówienia i nie była nawet w stanie podnieść swoich okularów, kiedy jej spadły. Była zbyt słaba, żeby pisać lub podnieść szklankę z wodą. Nawet przy delikatnym dotyku, odczuwała okropny ból. Po modlitwie, kobieta natychmiast wstała z wózka. Nawet ja byłem zaskoczony, ponieważ kilka chwil wcześniej nie była w stanie nawet mówić, a teraz mogła wziąć swoje rzeczy i normalnie wyjść z pomieszczenia.

W Jer. 29,11 czytamy: „Jestem bowiem świadomy zamiarów, jakie zamyślam co do was - wyrocznia Pana - zamiarów pełnych pokoju, a nie zguby, by zapewnić wam przyszłość, jakiej oczekujecie". Nasz Bóg Ojciec ukochał nas tak bardzo, że dał nam swojego jedynego Syna.

Dlatego, nawet jeśli twoje życie było bardzo trudne z powodu fizycznej niemocy, masz nadzieję na szczęśliwe i zdrowe życie dzięki wierze w Boga Ojca. Bóg nie chce, aby Jego dzieci musiały znosić próby i doświadczenia. Ponadto, pragnie, aby każdy znalazł pokój, radość, szczęście oraz miał przed sobą dobrą przyszłość.

Dzięki historii paralityka zapisanej w Marku 2, masz możliwość poznać sposoby, w jakie Bóg odpowiada na modlitwy i pragnienia serca. Modlę się w imieniu Jezusa Chrystusa, aby każdy z was przygotował się jako naczynie wiary i mógł otrzymać to, czego pragnie.

Przesłanie 8

Ludzie będą cieszyć się, tańczyć i śpiewać

Mark 7,31-37

Znowu opuścił okolice Tyru i przez Sydon przyszedł nad Jezioro Galilejskie, przemierzając posiadłości Dekapolu. Przyprowadzili Mu głuchoniemego i prosili Go, żeby położył na niego rękę. On wziął go na bok, osobno od tłumu, włożył palce w jego uszy i śliną dotknął mu języka; a spojrzawszy w niebo, westchnął i rzekł do niego: Effatha, to znaczy: Otwórz się! Zaraz otworzyły się jego uszy, więzy języka się rozwiązały i mógł prawidłowo mówić. /Jezus/ przykazał im, żeby nikomu nie mówili. Lecz im bardziej przykazywał, tym gorliwiej to rozgłaszali. I pełni zdumienia mówili: Dobrze uczynił wszystko. Nawet głuchym słuch przywraca i niemym mowę

W Mat. 4,23-24 czytamy:

„I obchodził Jezus całą Galileę, nauczając w tamtejszych synagogach, głosząc Ewangelię o królestwie i lecząc wszelkie choroby i wszelkie słabości wśród ludu. A wieść o Nim rozeszła się po całej Syrii. Przynoszono więc do Niego wszystkich cierpiących, których dręczyły rozmaite choroby i dolegliwości, opętanych, epileptyków i paralityków, a On ich uzdrawiał"

Jezus nie tylko głosił słowo Boże oraz dobrą nowinę o królestwie, ale również uzdrawiał ludzi cierpiących na różne choroby. Dzięki uzdrawianiu chorób słowo Jezusa zakorzeniało się w sercach ludzi, a On mógł prowadzić ich do nieba dzięki wierze.

Jezus uzdrawia głuchoniemego

W 7 rozdziale Ewangelii Marka zapisana jest historia, w

której Jezus podróżuje do Sydonu, a następnie nad Jezioro Galilejskie oraz w stronę regionu Dekapolis, gdzie uzdrawia głuchoniemego. Jeśli ktoś „prawie nie mówi" oznacza to, że nie jąka się i nie mówi elokwentnie. Mężczyzna w tej historii prawdopodobnie nauczył się mówić, kiedy był dzieckiem, jednak później ogłuchł i praktycznie przestał mówić.

Głuchoniemy to ktoś, kto nie zna języka i nie mówi z powodu głuchoty, podczas gdy otępienie słuchu odnosi się do trudności ze słyszeniem. Jest wiele sytuacji, które mogą doprowadzić do tego, aby człowiek stał się głuchoniemy. Po pierwsze, może to być dziedziczne. Po drugie, ktoś może urodzić się głuchoniemy, kiedy jego/jej matka chorowała na różyczkę lub przyjęła złe leki podczas ciąży. Po trzecie, jest u dziecka zostanie zdiagnozowane zapalenie opon mózgowych w wieku 3-4 lat, w czasie kiedy dziecko uczy się mówić, może ono stać się głuchonieme. W przypadku otępienia słuchu, jeśli zostanie zerwany bębenek w uchu, lekarstwa mogą pomóc. Jeśli problem dotyczy nerwu , nie ma możliwości pomóc takiej osobie. W innych przypadkach, kiedy ktoś pracuje w bardzo głośnym otoczeniu lub kiedy słuch zaczyna słabnąć z wiekiem, w zasadzie nie ma na to leku. Ponadto, człowiek opętany prze demona może być głuchoniemy. W takim przypadku, kiedy demon zostanie wygnany, osoba ponownie zacznie słyszeć i mówić. W Mar. 9,25-27 czytamy: „A Jezus widząc, że tłum się zbiega, rozkazał surowo duchowi nieczystemu: Duchu niemy i głuchy, rozkazuję ci, wyjdź z niego i nie wchodź więcej w niego" (w.25). Zły duch opuścił chłopca i chłopiec od razu lepiej się poczuł.

Uwierz, ż kiedy działa Bóg, żadne choroby ani słabości nie będą nigdy stanowiły problemu czy zagrożenia. Dlatego w Jer. 32,27 czytamy: „Oto Ja jestem Pan, Bóg wszelkiego ciała; czy jest może dla Mnie coś niemożliwego?", a w Ps. 100,3: „Wiedzcie, że Pan jest Bogiem: On sam nas stworzył, my Jego własnością, jesteśmy Jego ludem, owcami Jego pastwiska", zaś w Ps. 94,9: „Nie ma usłyszeć Ten, który ucho wszczepił, nie ma widzieć Ten, co utworzył oko". Jeśli wierzymy we wszechmocnego Boga, który ukształtował oczy i uszy, wszystko jest możliwe. Dlatego dla Jezusa, który przyszedł na ziemię w ciele, wszystko było możliwe. W Mar. 7 czytamy, że kiedy Jezus uzdrowił głuchoniemego, jego uszy otworzyły się a jego słowa były spójne.

Jeśli nie tylko wierzymy w Jezusa, ale również prosimy o Bożą moc w wiarą, działania opisane w Biblii mogą mieć miejsce również dzisiaj. W Hebr. 13,8 czytamy: „Jezus Chrystus wczoraj i dziś, ten sam także na wiek", a w Efez. 4,13: „aż dojdziemy wszyscy razem do jedności wiary i pełnego poznania Syna Bożego, do człowieka doskonałego, do miary wielkości według Pełni Chrystusa".

Jednakże, degeneracja części ciała lub głuchota czy niemość są skutkiem obumarcia komórek nerwowych mogą został uleczone przez dar uzdrawiania. Tylko kiedy człowiek, który ma pełnię wiary w Jezusa, otrzymuje moc i władzę od Boga oraz modli się zgodnie z wolą Bożą, uzdrowienie będzie mogło mieć miejsce.

Przypadki uzdrowienia głuchoty w Kościele Manmin

Byłem świadkiem wielu przypadków uzdrowienia otępienie słuchu. Wielu ludzi, którzy nie mogli słyszeć od urodzenie odzyskiwało słuch. Dwie osoby usłyszały po raz

Pieśń dziękczynna ludzi, którym przywrócono słuch

"Życie, które nam dałeś
Będziemy żyć na tej ziemi, tęskniąc
za Tobą.

Moja dusza czysta jest, kiedy
przychodzi do Ciebie."

diakonka Napshim Park oddaje chwałę Bogu, kiedy została uzdrowiona z głuchoty po 55 latach.

pierwszy od 55 i 57 lat.

We wrześniu 2000 roku, kiedy prowadziłem Festiwal Cudów i Uzdrowień w Japonii, trzynaście osób cierpiących z powodu uszkodzenia słuchu otrzymało uzdrowienie, kiedy modliłem się za nimi.

Te wiadomości dotarły do wielu ludzi w Korei i wielu z nich zaczęło uczęszczać na spotkania podczas dwutygodniowego zjazdu ożywieniowego w maju 2001, otrzymali uzdrowienie i uwielbili Boga.

Wśród nich była 33-letnia kobieta, która była głuchoniema od czasu wypadku, który miał miejsce, kiedy miała osiem lat. Kiedy przyprowadzono ją do naszego kościoła przed spotkaniami w 2001 roku, była gotowa na to, aby otrzymać odpowiedzi na modlitwy. Kobieta brała udział w codziennych spotkaniach modlitewnych, rozpamiętywała swoje grzechy z przeszłości i skruszyła się w swoim sercu. Po przygotowaniu się na spotkania ożywieniowe, wzięła w nich udział. W czasie ostatniej sesji spotkania, kiedy kładłem ręce na głuchoniemych i modliłem się za nich, nie poczuła żadnej nagłej zmiany. Niemniej jednak nie była rozczarowana. Słuchała świadectw innych ludzi, którzy otrzymali uzdrowienie i wierzyła, że również może zostać uzdrowiona.

Bóg zobaczył jej wiarę i uzdrowił ją krótko po zakończeniu spotkań. Widziałem działanie mocy Bożej było manifestowane po zakończeniu spotkań. Co więcej, badanie słuchu poświadczyło jej zupełne uzdrowienie. Alleluja!

Ludzie urodzeni z głuchotą również otrzymali uzdrowienie

Ogrom manifestacji Bożej mocy wzrastał z roku na rok. Podczas misji w Hondurasie w 2002 roku, niezliczona liczba ludzi głuchoniemych została uzdrowiona. Kiedy uzdrowiona została córka kierownika ochrony w czasie misji, była szczęśliwa i niezmiernie wdzięczna.

Ponieważ jedno z uszy 8-letniej Madeline Yaimin Bartres nie ukształtowało się właściwie, dziewczynka z czasem straciła słuch. Kiedy usłyszała o misji, błagał ojca, aby ją zabrał na spotkania. Otrzymała łaskę w czasie uwielbienia, a kiedy modliłem się za chorych, zaczęła słyszeć. Ponieważ jej ojciec wiernie pracował podczas misji, Bóg pobłogosławił mu w taki właśnie sposób.

Podczas Festiwalu Cudownych Uzdrowień i Modlitwy w 2002 roku w Indiach, Jennifer mogła zrezygnować z używania aparatu słuchowego

Mimo, iż nie byliśmy w stanie zapisać wszystkich świadectw uzdrowienia w czasie oraz po misji w Indiach, nawet dzięki kilku wybranym świadectwom jesteśmy wdzięczni Bogu i pragniemy oddawać Mu chwałę. Wśród takich przypadków jest historia dziewczyny o imieniu Jennifer, która była głuchoniema od urodzenia. Doktor zasugerował jej, aby nosiła aparat słuchowy, co poprawiało jej słuch w pewnym stopniu, jednak tym samym przypominało jej o jej wadzie.

Podczas gdy matka Jennifer modliła się każdego dnia o uzdrowienie córki, cała rodzina uczęszczała na spotkania misyjne. Matka i córka siedziały blisko dużego głośnika, ponieważ dla Jennifer i tak nie był to problem. Jednakże w ostatnim dniu misji ze względu na wielkość

Jennifer urodziła się głucha, lecz została uzdrowiona dzięki modlitwie.
Ocena jej lekarki.

CHURCH OF SOUTH INDIA
MADRAS DIOCESE
C. S. I. KALYANI MULTI SPECIALITY HOSPITAL
15, Dr. Radhakrishnan Salai, Chennai-600 004. (South India)

Phone: 857 11 01
859 23 99

Ref. No.
Date: 15/10/02

To whom it may concern

Miss Jennifer aged 5 yrs has been examined by me at CSI Kalyani hospital for her hearing.

After interacting with the child and observing her and after examining the child, I have come to the conclusion that Jennifer has definitely good hearing improvement now than before she was prayed for. Her mother's observation of her child is far more important and the mother has definitely noticed marked improvement in her child's hearing ability. Jennifer hears much better without the hearing aid and responding to her name being called when as previously she was not without the aid.

Audiogram results: Moderate to severe sensori-neural hearing loss i/c 50% - 70% hearing loss. — Chennai

Medical Officer,
C. S. I. KALYANI GENERAL HOSPITAL

zgromadzonego tłumu, nie mogły znaleźć miejsca blisko głośnika. To, co nastąpiło było prawdziwie niesamowite. Kiedy skończyłem modlić się za chorych zza kazalnicy, Jennifer powiedziała mamie, że dźwięk, który słyszała był za głośny i poprosiła o usunięcie aparatu słuchowego. Alleluja! Zgodnie z zapisami medycznymi przed uzdrowieniem Jennifer, bez aparatu słuchowego jej słuch nie reagował na nawet najbardziej intensywny dźwięk. Innymi słowy, Jennifer stracił 100% słuchu, jednak modlitwa przywróciła jej 30-50% słuchu. Poniżej znajduje się ocena stanu Jennifer przeprowadzona przez laryngologa Christinę:

Aby ocenić zdolność słuchu Jennifer (wiek 5 lat) przeprowadziłam badanie w specjalistycznym szpitalu C.S.I. Kalyani Multi Specialty Hospital. Po rozmowie z Jennifer oraz zbadaniu jej, doszłam do wniosku, że doszło do znaczącej poprawy słuchu po modlitwie. Opinia mamy Jennifer jest również bardzo istotna. Poczyniła tę samą obserwację, co Jennifer – słuch jej córki znacznie się poprawił. W tym czasie Jennifer była w stanie słyszeć bez aparatu słuchowego i reagować, kiedy ludzie wołali ją po imieniu. Wcześniej, kiedy nosiła aparat nie była nawet w stanie usłyszeć swojego imienia.

Dla tych, którzy przygotowują swoje serca w wierze moc Boża otwarcie objawia się. Oczywiście, jest wiele przykładów, w których stan pacjentów poprawiał się z dnia na dzień, kiedy prowadzili wierne życie w Chrystusie. Często, Bóg nie uzdrawia w pełni od razu tych, którzy byli głusi od urodzenia. Gdyby od chwili uzdrowienie od razu słyszeli dobrze, byłoby im trudno znieść natężenie dźwięków. Jeśli ktoś stracił słuch, kiedy był już dojrzały, Bóg może uzdrowić ich całkowicie od razu, ponieważ taka osoba nie potrzebuje tyle czasu, aby przyzwyczaić się do dźwięków. W takich przypadkach ludzi czują się dość dziwnie na początku jednak po 2-3 dniach, uspokajają się i przyzwyczajają do tego, że słyszą.

W Kwietniu 2003 roku, w czasie mojej wyprawy do Dubaju w Emiratach Arabskich, spotkałem 32-letnią kobietę, która straciła mowę z powodu zapalenia opon mózgowych, które przeszła, mając dwa latka. Jak tylko się za nią pomodliłem, kobieta powiedziała: „Dziękuję". Odebrałem to jako wyraz wdzięczności, jednak jej rodzice powiedzieli mi, że trzydzieści lat temu ich córka po raz ostatni wypowiedziała słowa: "Dziękuję".

Jak można doświadczyć mocy, która uzdrawia głuchych i niemych

W Mar. 7,33-35 czytamy:

On wziął go na bok, osobno od tłumu, włożył palce w jego uszy i śliną dotknął mu języka; a spojrzawszy w niebo, westchnął i rzekł do niego: Effatha, to znaczy: Otwórz się! Zaraz otworzyły się jego uszy, więzy języka się rozwiązały i mógł prawidłowo mówić.

"Effatha" oznacza tutaj "otwórz" po hebrajsku. Kiedy Jezus rozkazał, uszy tego człowieka otworzyły się, a język został rozluźniony.

Dlaczego Jezus włożył palce do uszu tego człowieka zanim wypowiedział słowa: "Effatha"? W Rzym. 10,17 czytamy: "Przeto wiara rodzi się z tego, co się słyszy, tym zaś, co się słyszy, jest słowo Chrystusa". Ponieważ człowiek ten nie słyszał, nie łatwe było dla niego posiadanie wiary.

Co więcej, mężczyzna ten nie przyszedł do Jezusa, aby otrzymać uzdrowienie. Zamiast tego, inni ludzie przyprowadzili go do Jezusa. Wkładając palce do jego uszu, Jezus pomógł mu zyskać wiarę poprzez poczucie jego palców.

Tylko jeśli zrozumiemy duchowe znaczenie ukryte w tej scenie, w której Jezus objawił moc Bożą, będziemy mogli doświadczyć Jego mocy. Jakie kroki musimy podjąć?

Aby otrzymać uzdrowienie, najpierw musimy mieć wiarę

Ktoś, kto pragnie uzdrowienia musi posiąść wiarę – nawet jeśli niewielką. Jednakże, ze względu postępu cywilizacji, istnieje wiele medium, łącznie z językiem migowym, dzięki któremu ewangelia może docierać również do osób, które mają problemu ze słuchem. W Kościele Manmin od kilku lat wszystkie kazania przekładane są również na język migowy. Przesłania nagrywane wcześniej obecnie również są tłumaczone na język migowy i dostępne na stronach internetowych.

Ponadto, innymi sposobami, jak książki, gazety, magazyny, filmy i nagrania na kasetach, możemy budować swoją wiarę tak długo, jak chcemy. Kiedy wiara pojawia się w naszym życiu, możemy doświadczyć mocy Bożej. Wcześniej wspomniałem o wielu świadectwach, które są środkiem, aby posiąść wiarę.

Następnie, musimy otrzymać przebaczenie

Dlaczego Jezus splunął i dotknął języka mężczyzny, po tym, jak włożył mu palce do uszu? Jest to duchowym symbolem chrztu wodą oraz było konieczne, aby człowiek ten otrzymał przebaczenie grzechów. Chrzest w wodzie oznacza, że poprzez słowo Boże, które jest jak czysta woda, zostajemy oczyszczeni z naszych grzechów. Aby doświadczyć mocy Boga, musimy rozwiązać problem grzechu. Zamiast oczyścić brud tego człowieka wodą, Jezus zastąpił wodę śliną, co jest symbolem przebaczenie. Iz. 59,1-2 mówi nam: „Nie! Ręka Pana nie jest tak krótka, żeby nie mogła ocalić, ani słuch Jego tak przytępiony, by nie mógł usłyszeć. (2) Lecz wasze winy wykopały przepaść między

wami a waszym Bogiem; wasze grzechy zasłoniły Mu oblicze przed wami tak, iż was nie słucha".
Jak Bóg obiecuje w 2 Kron. 7,14: „Jeśli upokorzy się mój lud, nad którym zostało wezwane moje Imię, i będą błagać, i będą szukać mego oblicza, a odwrócą się od swoich złych dróg, Ja z nieba wysłucham i przebaczę im grzechy, a kraj ich ocalę", aby otrzymać odpowiedzi na modlitwy, musimy spojrzeć na swoje życie, ukorzyć się i skruszyć.

Z jakiego powodu powinniśmy skruszyć się przed Bogiem?

Najpierw, powinniśmy żałować, że wcześniej nie wierzyliśmy w Boga i nie przyjęliśmy Jezusa. W Jan 16,9 Jezus mówi nam, że Duch Święty przekona świat o grzechu, ponieważ człowiek nie wierzy w Boga. Musimy uświadomić sobie, że niezaakceptowanie Pana jest grzechem i uwierzyć w Pana i Boga.

Po drugie, jeśli nie kochasz swoich bliźnich, musisz się skruszyć. 1 Jana 4,11 mówi: „Umiłowani, jeśli Bóg tak nas umiłował, to i my winniśmy się wzajemnie miłować". Jeśli bliźni się nienawidzi, zamiast również go nienawidzić, powinieneś być tolerancyjny i przebaczający. Musisz kochać swojego nieprzyjaciela, stawiać jego potrzeby przed swoimi, myśleć i zachowywać się tak, jakbyś był na jego miejscu. Kiedy zaczniesz kochać wszystkich ludzi, Bóg okaże ci miłosierdzie, łaskę oraz moc uzdrowienia.

Po trzecie, jeśli modlisz się za swoimi własnymi korzyściami powinieneś się skruszyć. Bogu nie podobają się ludzi, którzy modlą się o realizację ich własnych pobudek. Nie odpowiada im. Nawet od tej chwili, musisz modlić się zgodnie z wolą Bożą.

Po czwarte, jeśli modlisz się, mając wątpliwości, musisz żałować za swój grzech. W Jak. 1,6-7 czytamy: „Niech zaś prosi z wiarą, a nie wątpi o niczym. Kto bowiem żywi wątpliwości, podobny jest do fali morskiej wzbudzonej wiatrem i miotanej to tu, to tam. Człowiek ten niech nie myśli, że otrzyma cokolwiek od Pana". Kiedy modlimy się, musimy modlić się w wierze I uwielbiać Boga. Ponadto, w Hebr. 11,6 napisano: „Bez wiary zaś nie można podobać się

Bogu". Wyrzuć swoje wątpliwości i módl się o wiarę.

Po piąte, jeśli nie byłeś posłuszny przykazaniom Bożym, musisz żałować za swój grzech. W Jan 14,21 Jezus mówi: „Kto ma przykazania moje i zachowuje je, ten Mnie miłuje. Kto zaś Mnie miłuje, ten będzie umiłowany przez Ojca mego, a również Ja będę go miłował i objawię mu siebie". Kiedy udowadniasz swoją miłość do Boga poprzez posłuszeństwo Jego przykazaniom, otrzymasz odpowiedzi na swoje modlitwy. Od czasu do czasu, osoba wierząca może uczestniczyć w wypadku samochodowym, ponieważ nie przestrzegała świętego dnia lub nie oddała swojej dziesięciny. Ponieważ nie postępowali zgodnie z fundamentalnymi zasadami chrześcijaństwa – Dziesięcioma Przykazaniami – nie znajdowali się pod Bożą opieką. Wśród osób, które wiernie przestrzegały Bożych przykazań, niektórzy stają się ofiarami wypadku z powodu swojego własnego błędu. Jednak Bóg ich chroni. W takich przypadkach, nie doznają szkody nawet jeśli pojazd jest zniszczony, ponieważ Bóg ich kocha i daje dowód swojej miłości do nich.

Ponadto, ludzie, którzy nie znają Boga również mogą

doświadczy uzdrowienia i otrzymać odpowiedzi na modlitwy, ponieważ ich przyjście do kościoła jest uczynkiem wiary. Bóg działa w nich. Jednakże, kiedy ludzie mają wiarę i znają prawdę, jednak nie są posłuszni Bożym przykazaniom i nie żyją zgodnie z Jego słowem, między nimi a Bogiem powstaje mur, dlatego nie mogą otrzymać uzdrowienia. Powodem, dla którego Bóg działa wśród ludzi niewierzących podczas międzynarodowych misji jest to, że ludzie, którzy dopuszczali się bałwochwalstwa w pewnej chwili słyszą dobrą nowinę, biorą udział w misjach, co jest uznane jako uczynek wiary w oczach Boga.

Po szóste, jeśli nie siałeś, musisz żałować za swój grzech. W Gal. 6,8 czytamy: „A co człowiek sieje, to i żąć będzie". Aby doświadczyć Bożej mocy, musimy brać udział w nabożeństwach. Pamiętaj, że kiedy siejesz swoimi czynami, otrzymasz błogosławieństwo zdrowia, kiedy jesteś hojny, otrzymasz błogosławieństwa materialne. Dlatego, jeśli chciałeś żąć, nie siejąc, musisz żałować za swój grzech.

W 1 Jana 1,7 czytamy: "Jeśli chodzicie w światłości, jak On jest światłością, będziecie mieć ze sobą wspólnotę, a krew Jezusa, Syna Jego oczyści was z waszych grzechów". Ponadto, Bóg dotrzymuje swojej obietnicy zapisanej 1 Jan 1,9: „Jeśli wyznajemy grzechy swoje, wierny jest Bóg i sprawiedliwy, i odpuści nam grzechy i oczyści nas od wszelkiej nieprawości". Spoglądaj na samego siebie, żałuj za grzechy i chodź w światłości.

Modlę się w imieniu Jezusa Chrystusa, abyś doświadczył Bożej łaski, otrzymał odpowiedzi na modlitwy oraz dzięki mocy Jego dostąpił błogosławieństwa zdrowie oraz wszelkich innych kwestii życiowych.

Przesłanie 9
Niezawodna opatrzność Boża

Ks. Powt. Prawa 26,16-19

Dziś Pan, Bóg twój, rozkazuje ci wykonać te prawa i nakazy.
Strzeż ich, pełnij z całego swego serca i z całej duszy.
Dziś uzyskałeś to, że Pan ci powiedział, iż będzie dla ciebie Bogiem,
o ile ty będziesz chodził Jego drogami, strzegł Jego praw,
poleceń i nakazów oraz słuchał Jego głosu.
A Pan uzyskał to, żeś ty dziś obiecał być
ludem stanowiącym szczególną Jego własność,
jak ci powiedział, abyś zachowywał Jego wszystkie polecenia.
On cię wtedy wywyższy we czci, sławie i wspaniałości
ponad wszystkie narody, które uczynił,
abyś był ludem świętym dla Pana,
Boga twego, jak sam powiedział

Kiedy pytamy kogoś, jaki rodzaj miłości uważa za najwspanialszy, wielu ludzi odpowiada, że miłość rodziców, szczególnie miłość matki do dziecka. Jednak w Izajaszu 49,15 czytamy: „Czyż może niewiasta zapomnieć o swym niemowlęciu, ta, która kocha syna swego łona? A nawet, gdyby ona zapomniała, Ja nie zapomnę o tobie". Ogrom Bożej miłości jest nieporównywalny nawet do miłości matki do dziecka.

Bóg miłości pragnie, aby wszyscy otrzymali zbawienie, cieszyli się wiecznym życiem, błogosławieństwami oraz pięknem nieba. Dlatego chroni swoje dzieci przez próbami i doświadczeniami oraz pragnie im dać wszystko, o co proszą. Bóg chce, abyśmy prowadzili błogosławione życie nie tylko na ziemi, ale również wieczne życie w niebie.

Poprzez moc i proroctwa, które Bóg nam ukazał, możemy zobaczyć opatrzność Bożą dla kościoła Manmin.

Bóg miłości pragnie zbawić wszystkie dusze

W 2 Piotra 3,3-4 czytamy:

„To przede wszystkim wiecie, że przyjdą w ostatnich dniach szydercy pełni szyderstwa, którzy będą postępowali według własnych żądz i będą mówili: Gdzie jest obietnica Jego przyjścia? Odkąd bowiem ojcowie zasnęli, wszystko jednakowo trwa od początku świata"

Jest wielu ludzi, którzy nie wierzą nam, kiedy mówimy im o końcu czasów. Ponieważ słońce zawsze wschodzi i zachodzi, ludzie od zawsze rodzą się i umierają, cywilizacja rozwija się, ludzie zakładają, że wszystko będzie trwać tak, jak obecnie.

Ponieważ jest początek i koniec ludzkiego życia, skoro był początek rodzaju ludzkiego, musi też być jego koniec. Kiedy przyjdzie odpowiedni czas, wszystko we wszechświecie dojdzie do końca. Wszyscy ludzi od czasów Adama zostaną osądzeni. Zgodnie z tym, jak dana osoba żyła na ziemi, trafi do nieba lub do piekła.

Z jednej strony, ludzie, którzy wierzą w Jezusa i żyją zgodnie z Jego słowem, trafią do nieba. Z drugiej strony, ludzie, którzy nie uwierzyli pomimo ewangelizacji, którzy nie żyli zgodnie ze słowem Bożym, lecz żyli w grzechu, nawet jeśli wyznają swoją wiarę w Pana, trafią do piekła. Dlatego Bóg pragnie, aby ewangelia była głoszona po całym świecie tak, aby każdy mógł otrzymać zbawienie.

Moc Boża będzie głoszona aż do końca czasów

Powody, dla których Bóg ustanowił Kościół Manmin oraz manifestuje swoją moc są następujące. Poprzez objawianie swojej mocy, Bóg pragnie dostarczyć dowody istnienia prawdziwego Boga oraz uświadomić ludziom realność nieba i piekła. Jak Jezus powiedział w Jan 4,48: „Jeżeli znaków i cudów nie zobaczycie, nie uwierzycie", szczególnie w czasach, kiedy postępuję grzech i pociąg do zła, wiedza poszerza się, działanie mocy jest tym bardziej konieczne. Dlatego przy końcu czasów Bóg poucza kościół i błogosławi go swoją mocą.

Ponadto, kształtowanie ludzkości również zmierza ku końcowi. Aż nastanie czas wybrany przez Boga, moc jest koniecznym narzędziem, które może ocalić ludzi i dać im szansę zbawienia. Jedynie dzięki mocy ludzie mogą znaleźć drogę do zbawienia.

Z powodu prześladowań i trudności, niezwykle trudno jest głosić ewangelię w niektórych krajach świata, a jest tam wielka liczba ludzi, którzy jeszcze jej nie słyszeli. Co więcej, nawet pośród ludzi, którzy wyznają swoją wiarę do Pana, liczba tych, którzy mają prawdziwą wiarę nie jest tak wysoka, jakby się wydawało. W Ewangelii Łukasza 18,8 Jezus pyta: „Czy jednak Syn Człowieczy znajdzie wiarę na ziemi, gdy przyjdzie?". Wielu ludzi chodzi do kościoła, jednak niewiele różnią się od ludzi tego świata i nadal żyją w grzechu.

Jednak nawet w krajach i rejonach świata, gdzie prowadzone są ciężkie prześladowania na chrześcijanach, kiedy ktoś doświadczył mocy Bożej, jego wiara nie umiera z powodu strachu, lecz rozkwita, a dzieło ewangelii rozwija się. Ludzie żyjący w grzechu bez wiary mogą otrzymać moc, by żyć zgodnie ze słowem Bożym, kiedy doświadczają działania mocy żyjącego Boga.

Podczas wielu podróży misyjnych, byłem w krajach, gdzie nie można głosić ewangelii. Jeśli ktoś ewangelizował, groziły mu prześladowania. W krajach muzułmańskich jak Pakistan czy Zjednoczone Emiraty Arabskie oraz hinduistycznych Indiach byłem świadkiem, że kiedy świadczy się o Jezusie, kiedy ludzie widzą dowody istnienia Boga, niezliczona liczba ludzi nawracała się i dostąpiła zbawienia. Nawet jeśli wcześniej oddawali cześć bożkom, kiedy doświadczyli działania Boga, przyjmowali Jezusa bez lęku przed konsekwencjami. Świadczy to o ogromie mocy Bożej.

Tak, jak rolnik zbiera plony, tak Bóg objawia swoją wspaniałą moc tak, aby mógł zebrać plon w postaci dusz, które otrzymają zbawienie w ostatnich dniach.

Znaki czasów końca opisane w Biblii

Nawet dzięki słowu Bożemu zapisanemu w Biblii, możemy stwierdzić, że żyjemy w czasach końca. Mimo, iż

Bóg nie podał nam dokładnej daty i godziny czasów końca, dał nam wskazówki, dzięki którym możemy określić, w jakich czasach żyjemy. Możemy przewidzieć deszcz, kiedy widzimy gromadzące się chmury. Podobnie, obserwując wydarzenia historyczne, widzimy, że studiowanie Biblii pomaga nam zauważyć, że żyjemy w czasach ostatecznych.

W Ewangelii Łukasza 21,9 i 11 czytamy: „I nie trwożcie się, gdy posłyszycie o wojnach i przewrotach. To najpierw musi się stać, ale nie zaraz nastąpi koniec" oraz „Będą silne trzęsienia ziemi, a miejscami głód i zaraza; ukażą się straszne zjawiska i wielkie znaki na niebie".

A w 2 Tym. 3,1-5:

A wiedz o tym, że w dniach ostatnich nastaną chwile trudne. Ludzie bowiem będą samolubni, chciwi, wyniośli, pyszni, bluźniący, nieposłuszni rodzicom, niewdzięczni, niegodziwi, bez serca, bezlitośni, miotający oszczerstwa, niepohamowani, bez uczuć ludzkich, nieprzychylni, zdrajcy, zuchwali, nadęci, miłujący bardziej rozkosz niż

Boga. Będą okazywać pozór pobożności, ale wyrekną się jej mocy. I od takich stroń.

Na świecie ma miejsce wiele katastrof i znaków, a serca i myśli ludzkie stają się coraz gorsze. W każdym tygodniu, otrzymują sprawozdanie o wydarzeniach oraz wypadkach, a ich liczba ciągle rośnie. Oznacza to, że ogrom katastrof, prześladowań oraz zła ma miejsce na całym świecie.

Ludzie nie są już tak wrażliwi na takie wydarzenia i wypadki, jak kiedyś. Ponieważ słyszą tak wiele historii, stają się na nie odporni. Większość z nich nie traktuje już poważnie okrutnych przestępstw, wojen, katastrof ani ofiar. Wydarzenia tego rodzaju były kiedyś tematem nagłówków gazet. Natomiast teraz, jeśli nie są wyjątkowo tragiczne lub brutalne, lub też nie dotykają naszym najbliższych, nie jesteśmy nimi zbyt zainteresowani i szybko o nich zapominamy.

Poprzez historię, ludzie, którzy mają więź z Bogiem, widzą, że przyjście Pana jest bliskie.

Proroctwa dotyczące czasów końca oraz Boża opatrzność dla Kościoła Manmin

Dzięki proroctwom, które Bóg objawił kościołowi Manmin, możemy łatwo stwierdzić, że żyjemy w czasach końca. Od chwili założenia kościoła Manmin, Bóg przepowiedział wyniki wyborów prezydenckich i parlamentarnych, śmierć ważnych ludzi w Korei oraz innych krajach, oraz wiele innych wydarzeń, które kształtują historię tego świata.

W wielu przypadkach zapisuję takie informacje skrótami w cotygodniowym biuletynie kościelnym. Jeśli ich zawartość jest zbyt mocna, zapisuję je tylko w kilku egzemplarzach. W ostatnich latach, od czasu do czasu głosiłem zza kazalnicy informacje dotyczące Korei Północnej, Stanów Zjednoczonych oraz wydarzeń na całym świecie.

Większość proroctw już się wypełniła, a proroctwa, które mają się dopiero wypełnić dotyczą wydarzeń, które już trwają lub mają nadejść. Istotnym faktem jest to, że większość proroctw dotyczących wydarzeń, które mają nadejść obejmuje czasy ostateczne. Wśród nich są proroctwa dotyczące Bożej opatrzności dla Kościoła Manmin. Przyjrzyjmy się kilku z nich.

Pierwsze proroctwo dotyczy relacji między Koreą Południową i Północną

Od chwili założenia kościoła, Bóg od krył przed nami wiele informacji dotyczących Korei Północnej, ponieważ naszym powołaniem jest głoszenia ewangelii w czasach ostatecznych w Korei Północnej. W 1983 roku Bóg przepowiedział szczyt, który miał się odbyć między przywódcami Korei Północnej i Południowej oraz jego następstwa. Krótko po szczycie, Korea Północna miała otworzyć swoje granice, jednak niedługo później je zamknąć. Bóg powiedział nam, że kiedy Korea Północna otworzy swoje granice, ewangelia oraz moc Boża wejdą do tego kraju. Bóg przypominał nam o tym, że przyjście Jezusa jest bliskie. Ponieważ Bóg powiedział mi, że Korea Północna i Południowa „wyrażą się w pewien sposób", jednak na razie jest to tajemnicą, której nie mogę wyjawić. Jak większość z was wie, szczyt przywódców Korei Północnej i Południowej miał miejsce w 2000 roku. Być może masz wrażenie, że Korea Północna, ulegając presji międzynarodowej, niedługo otworzy swoje granice.

Drugie proroctwo dotyczy powołania do światowej misji

Bóg przygotował dla kościoła Manmin wiele misji międzynarodowych, podczas których gromadzą się miliony ludzi oraz pobłogosławi nas, abyśmy mogli głosić ewangelię dzięki Jego cudownej mocy. Jednym z przykładów może być Misja w Ugandzie, na temat której wiadomości były transmitowane międzynarodowo na CNN; Misja w Pakistanie, która wstrząsnęła światem muzułmańskim i otworzyła drzwi pracy misyjnej na Środkowym Wschodzie; Misja w Kenii, podczas której wiele chorób łącznie z AIDS zostało uleczonych; Misja na Filipinach, podczas której moc Boża objawiła się w niezwykły sposób; Misja w

Hondurasie, podczas której doświadczyliśmy ogromu działania Ducha Świętego; Festiwal Misyjny w Indiach – największym kraju, gdzie wyznaje się hinduizm na świecie, podczas której ponad trzy miliony ludzi zgromadziło się podczas 4-dniowej misji. Wszystkie te misje służyły jako kamień milowy, dzięki któremu Kościół Manmin może dotrzeć do Izraela – a właśnie to jest jego celem.

W ramach swojego planu kształtowania ludzkości, Bóg stworzył Adama i Ewę, a kiedy zaczęło się życie na ziemi, ludzkość pomnożyła się. Wśród wielu ludzi, Bóg wybrał jeden naród, Izraela – potomków Jakuba. Poprzez historię Izraelitów, Bóg pragnie ukazać swoją chwałę i opatrzność, nie tylko dla Izraela, ale i dla wszystkich ludzi na świecie. Lud izraelski stanowi pewien model kształtowania ludzkości, a jego historia, którą kieruje Bóg jest nie tylko historią jednego narodu, ale przesłaniem dla całej ludzkości. Ponadto, zanim Bóg zakończy proces kształtowania człowieka, który rozpoczął się od Adama, Bóg pragnie, aby ewangelia wróciła do Izraela, ponieważ stamtąd właśnie pochodzi. Jednakże, prowadzenie misji oraz chrześcijańskich zgromadzeń jest niewyobrażalnie trudne. Objawienie mocy Bożej, która może poruszyć niebo i ziemię potrzebna jest w Izraelu, i wypełnienie tej misji jest właśnie powołaniem kościoła Manmin w dniach ostatecznych.

Przez Jezusa, Bóg zrealizował plan zbawienia ludzkości oraz umożliwił ludziom przyjęcie Jezusa jako Zbawiciela oraz skorzystanie z życia wiecznego. Boży naród wybrany nie uznał Jezusa jako Mesjasza. Ponadto, aż do chwili, kiedy Jego dzieci zostaną porwane w powietrze, Izrael nadal nie będzie rozumiał zbawienia poprzez Jezusa.

W dniach ostatecznych Bóg pragnie, aby naród izraelski skruszył się i przyjął Jezusa jako Zbawiciela, aby mogli otrzymać zbawienie. Dlatego Bóg umożliwił dotarcie ewangelii oraz jej rozprzestrzenienie w Izraelu poprzez powołanie kościoła Manmin. Niniejszy kamień milowy działalności misyjnej na Środkowym Wschodzie został ustanowiony w kwietniu 2003 roku zgodnie z wolą Bożą. Manmin poczyni właściwe przygotowania dla Izraela oraz wypełni opatrzność Bożą.

Trzecie proroctwo dotyczy zbudowania Wielkiego Sanktuarium

Krótko po założeniu kościoła Manmin, Bóg przekazał nam swoje zadania dla nas, abyśmy zbudowali Wielkie Sanktuarium, które ukaże chwałę Boga ludziom na całym świecie. W czasach Starego Testamentu możliwe było otrzymanie zbawienia dzięki uczynkom. Nawet jeśli w sercu człowieka nadal był grzech, jeżeli nie popełniał on grzechów, mógł otrzymać zbawienia. Świątynie ze Starego Testamentu była świątynią, w której ludzie uwielbiali Boga uczynkami, tak jak nakazywało prawo.

Jednakże w czasach Nowego Testamentu, Jezus przyszedł i wypełnił prawo miłości, więc jedynie dzięki wierze w Jezusa, możemy otrzymać zbawienie. Świątynia, której Bóg pragnął w czasach Nowego Testamentu, zostanie zbudowana nie tylko dzięki uczynkom, ale również dzięki sercu. Taka świątynia zostanie zbudowana przez prawdziwe dzieci Boga, które odrzuciły grzech, uświęciły się i kochają Go z całego serca. Dlatego Bóg pozwolił, aby świątynia ze

Starego Testamentu została zniszczona i pranie, aby została zbudowana nowa świątynia, której duchowe znaczenie będzie ogromne.

Dlatego, ludzie, którzy mają zbudować Wielki Sanktuarium muszą być wiernymi w oczach Bożych. Muszą być to dzieci Boże, których serca są oczyszczone, uświęcone, pełne wiary, nadziei i miłości. Kiedy Bóg zobaczy, że jego Sanktuarium budowane jest przez uświecone dzieci, będzie zadowolony z postępów pracy. Wspomni też na dzieci, które budowały Sanktuarium, a które są owocem Jego łez, poświęcenia oraz cierpliwości.

Wielki Sanktuarium ma głębokie znaczenie. Służy jako pomnik kształtowania ludzkości oraz jako symbol dobrych plonów zebranych przez Boga. Zostanie zbudowane w dniach ostatecznych, ponieważ jest olbrzymim budynkiem, który ukaże Bożą chwałę wszystkich ludziom na świecie. Wielkie Sanktuarium będzie mieć ok. 600 m średnicy oraz ok. 70 m wysokości. Będzie wykonane z wszelkiego rodzaju pięknych, niespotykanych i cennych materiałów, a każda część struktury oraz dekoracji będzie odzwierciedlać chwałę

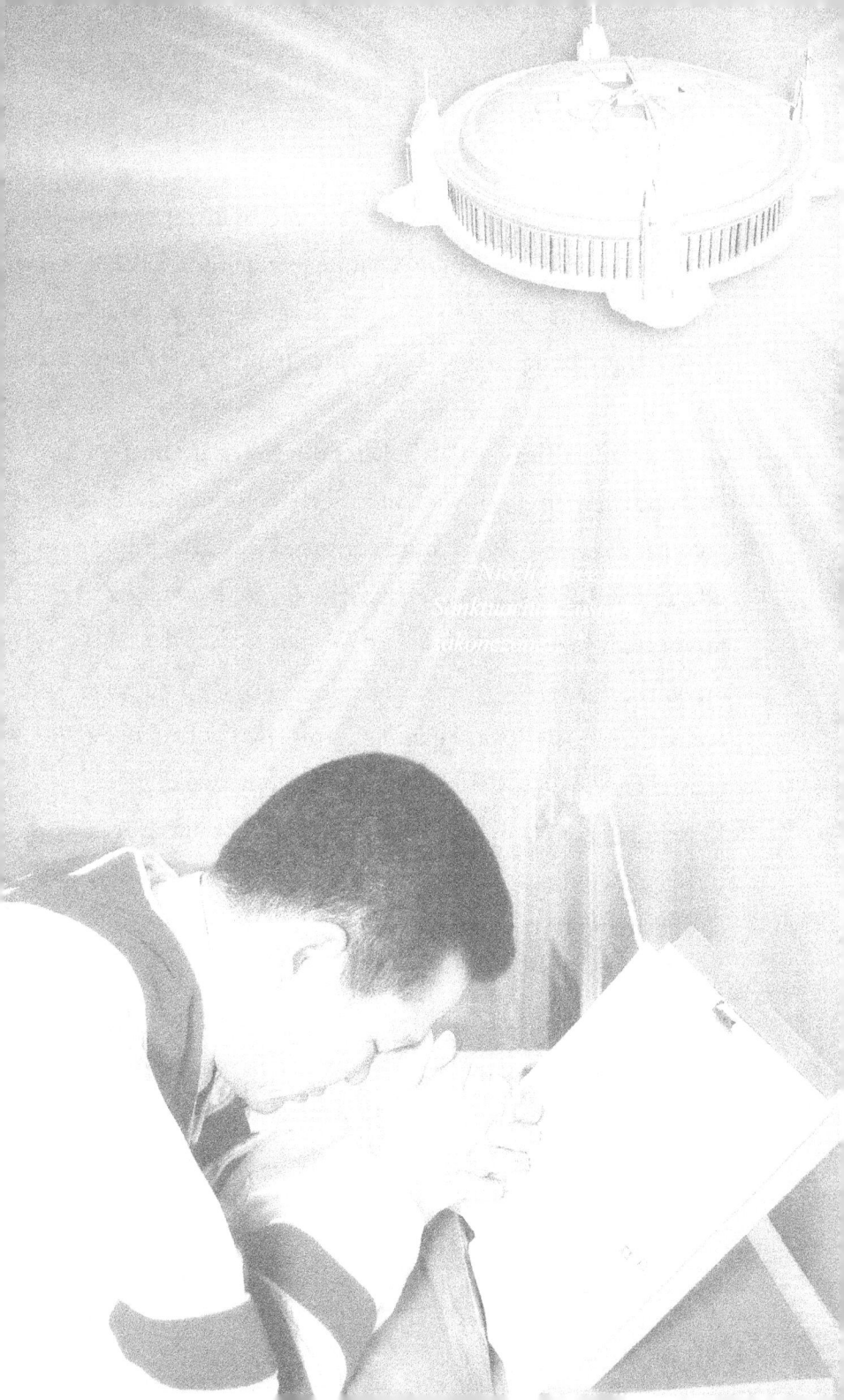

Nowego Jeruzalem, stworzenia oraz mocy Bożej. Samo patrzenie na Wielkie Sanktuarium oczaruje ludzi tak, że będą odczuwać chwałę i majestat Boga. Nawet ludzie niewierzący będą zachwyceni widokiem i uznają Jego chwałę.

W końcu, budynek Wielkiego Sanktuarium jest przygotowaniem arki, w której niezliczona liczba dusz otrzyma zbawienie. W ostatnich dniach, kiedy grzech i zło uderzą z większą siłą, jak w czasach Noego, kiedy ludzie prowadzeni przez Boga wejdą do Wielkiego Sanktuarium, otrzymają zbawienie. Jeszcze więcej ludzi usłyszy ewangelię o chwale i mocy Boga. Będą mogli przyjść i zobaczyć na własne oczy, a wtedy Bóg ukaże im dowody swojej mocy. Dowiedzą się o tajemnicach duchowego świata oraz poznają wolę Boga, który pragnie zbawić swój lud, który charakterem przypomina charakter Boga.

Wielkie Sanktuarium będzie pełnić rolę centrum ostatniej fazy głoszenia ewangelii na całym świecie przed powtórnym przyjściem Jezusa. Ponadto, Bóg powiedział Kościołowi Manmin, że kiedy nadejdzie czas budowy

Wielkiego Sanktuarium, poprowadzi królów, bogaczy i przywódców, aby pomogli w jego budowie.

Od czasu założenia kościoła, Bóg odkrył przez nami proroctwa dotyczące dni ostatecznych oraz swojej opatrzności dla kościoła. Ciągle objawia swoją nieskończoną moc i wypełnia swoje słowa. W historii kościoła, Bóg prowadził kościoła, aby ten osiągnął Jego zamierzenia. Ponadto, aż do momentu powrotu Pana, będzie prowadził nas, abyśmy wypełniali zadania, które nam przydzielił, abyśmy oddawali chwałę Panu na całym świecie.

W Ewangelii Jana 14,11 czytamy: „Wierzcie Mi, że Ja jestem w Ojcu, a Ojciec we Mnie. Jeżeli zaś nie - wierzcie przynajmniej ze względu na same dzieła", a w Ks. Powt. Prawa 18,22: „gdy prorok przepowie coś w imieniu Pana, a słowo jego będzie bez skutku i nie spełni się, znaczy to, że tego Pan do niego nie mówił, lecz w swej pysze powiedział to sam prorok. Nie będziesz się go obawiał". Mam nadzieję, że zrozumiesz Bożą opatrzność dzięki mocy oraz proroctwom, które objawia Kościołowi Manmin.

Bóg, realizując swoją opatrzność wobec Kościoła Manmin w dniach ostatecznych, nie przekazał kościołowi ożywienia oraz mocy w ciągu jednej nocy. Szkolił nas przez ponad 20 lat. Niczym wspinaczka po wysokim i stromym zboczu górskim czy też żeglowanie po wysokich falach po wzburzonym morzu, tak Bóg ciągle prowadził nas przez próby. Z ludzi, którzy z sukcesem przeszli przez niniejsze próby z wiarą, Bóg przygotował swoje narzędzia, które mają zrealizować misję na całym świecie.

Dotyczy to również każdego z was. Wiara, dzięki której człowiek może wejść do Nowego Jeruzalem nie rozwija się ani nie wzrasta w ciągu jednej nocy; musimy być przygotowani na powtórne przyjście naszego Pana. Przede wszystkim, musimy zniszczyć mur grzechu i z niezmienną oraz silną wiarą biec w kierunku nieba. Jeżeli poruszasz się do przodu z taką niezmienną decyzją, Bóg bez wątpienia pobłogosławi twojej duszy i odpowie na wszystkie pragnienia twojego serca. Ponadto, Bóg da ci duchową umiejętność oraz władzę, dzięki której będziesz mógł być przez Niego użyty jako cenne narzędzie do realizowania

Jego misji w dniach ostatecznych.

Modlę się w imieniu Pana Jezusa Chrystusa, aby każdy z was trwał w wierze aż do chwili powrotu naszego Pana oraz spotkał się z Nim w niebie i w Nowym Jeruzalem.

O Autorze
Dr. Jaerock Lee

Dr Jaerock Lee urodził się w 1943 roku w Muan, w prowincji Jeonnam, w Republice Korei. Kiedy skończył 20 lat cierpiał z powodu wielu różnych nieuleczalnych chorób przez siedem lat i czekał na śmierć zupełnie pozbawiony nadziei na wyzdrowienia. Pewnego dnia, wiosną 1974 roku, jego siostra przyprowadziła go do kościoła, i kiedy uklęknął, aby się pomodlić, Żywy Bóg natychmiast uzdrowił go ze wszystkich chorób.

Dzięki temu doświadczeniu, Dr Lee poznał prawdziwego żyjącego Boga, pokochał Go całym swoim sercem i w 1978 został powołany na sługę Bożego. Gorliwie modlił się o jasne i pełne zrozumienie woli Bożej, zrealizowanie Jego misji oraz posłuszeństwo wszystkim słowom Boga. W 1982 roku założył Centralny Kościół Manmin w Seulu w Korei, gdzie miały miejsce niezliczone dzieła Boże, łącznie z uzdrowieniami i cudami.

W 1986 roku Dr Lee został ordynowany na pastora podczas dorocznego zjazdu Kościoła Koreańskiego i cztery lata później, w 1990 roku, rozpoczęto emisję jego kazań w Australii, Rosji, na Filipinach i w wielu innych miejscach przez firmę Far East Broadcasting Company, Asia Broadcast Station oraz chrześcijańskie radio Washington Christian Radio System.

Trzy lata później w 1993 roku, Centralny Kościół Manmin został wybrany jako jeden z najbardziej popularnych kościołów na świecie przez amerykański magazyn chrześcijański „Christian World", a pastor Lee otrzymał tytuł doktora honorowego Honorary Doctorate of Divinity od chrześcijańskiego college'u na Florydzie w Stanach Zjednoczonych. W 1996 roku otrzymał również tytuł doktora od teologicznego seminarium Kingsway w Iowa, w Stanach Zjednoczonych.

Od 1993 Dr Lee zaczął prowadzić światową misję w Tanzanii, Argentynie, Los Angeles, Baltimore, Hawajach i w Nowym Jorku w Stanach Zjednoczonych, Ugandzie, Japonii, Pakistanie, Kenii, na Filipinach, w Hondurasie, Indiach, Rosji, Niemczech, Peru, Demokratycznej Republice Kongo i Izraelu. Informacja o jego misji w Ugandzie została wyemitowana w CNN, natomiast izraelskie ICC informowało o misji kościoła w Jerozolimie. Na antenie wygłosił komentarz, że Jezus Chrystus jest Mesjaszem. W 2002 roku został nazwany „pastorem światowym" przez największą chrześcijańską gazetę w Korei ze względu na jego prace misyjne na całym świecie.

We wrześniu 2010 Centralny Kościół Manmin miał już ponad 100,000 członków. Na całym świecie jest 9000 kościołów, włączając w to 53 kościoły w wielkim miastach samej Korei. Na ten moment 133 ośrodki misyjne zostały założone w 23 krajach, takich jak na przykład Stany Zjednoczone, Rosja, Niemcy, Kanadam Japonia, Chiny, Francja, Indie, Kenia i wiele innych.

Dr Lee napisał już 60 książek. Wiele z nich stało się bestsellerami: Tasting Eternal Life before Death, My Life My Faith I & II, The Message of the Cross, The Measure of Faith, Heaven I & II, Hell, oraz The Power of God. Jego książki zostały przetłumaczone na ponad 44 języki. Jego artykuły publikowane są w: The Hankook Ilbo, The JoongAng Daily, The Dong-A Ilbo, The Munhwa Ilbo, The Seoul Shinmun, The Kyunghyang Shinmun, The Hankyoreh Shinmun, The Korea Economic Daily, The Korea Herald, The Shisa News, oraz The Christian Press.

Dr Lee jest obecnie przewodniczącym wielu organizacji misyjnych oraz stowarzyszeń takich jak na przykład: Chairman, The United Holiness Church of Jesus Christ; President, Manmin World Mission; Permanent President, The World Christianity Revival Mission Association; Founder, Manmin TV; Founder & Board Chairman, Global Christian Network (GCN); Founder & Board Chairman, World Christian Doctors Network (WCDN); and Founder & Board Chairman, Manmin International Seminary (MIS).

Inne książki tego samego autora

Niebo I & II

To szczegółowy opis całego, składającego się z pięciu poziomów królestwa niebieskiego, będącego przepięknym miejscem, w jakim przebywają otoczeni chwałą Bożą mieszkańcy niebios.

Moje Życie, Moja Wiara I & II

Cudowny aromat duchowy życia, które rozkwitło pod wpływem niewyobrażalnej miłości Bożej, pomimo ciemnych fal, ciężkiego jarzma oraz najgłębszej rozpaczy.

Życie Wieczne przed Śmiercią

Książka jest zbiorem przemyśleń i wspomnień pastora dra Jaerock Lee, który został zbawiony od śmierci i prowadził godne naśladowania życie chrześcijanina.

Miara Wiary

Jaka nagroda, korona i miejsce czekają na nas w niebie? Książka stanowi zbiór mądrości o tym, w jaki sposób nasza wiara zostanie oceniona oraz co możemy zrobić, aby ją rozwijać i doskonalić.

Piekło

Książka traktuje o przesłaniu Boga do całej ludzkości, który gorąco pragnie, aby żadna z dusz nie trafiła w otchłań piekielną! Przedstawia znaną tylko nielicznym okrutną rzeczywistość Hadesu i piekła.

www.urimbooks.com

www.ingramcontent.com/pod-product-compliance
Lightning Source LLC
LaVergne TN
LVHW010204070526
838199LV00062B/4492